U0153958

UNDERSTANDING THE PAST & PURSUING THE FUTURE

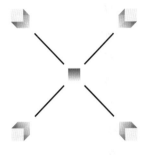

鑑往知來

PATTERNS OF CHINESE AND GLOBAL HISTORICAL CHANGES AND SOCIAL THEORY

中國與全球歷史變遷的模式與社會理論　著——王國斌 R. Bin Wong
譯——李立凡

目錄

認真比較中西「善治觀」

王國斌先生對「通古今之變」的現代詮釋

邱澎生

　　王國斌教授以「鑑往知來」作為這部新書的主標題，對許多中文讀者而言，應該很容易想起傳統中國看待史學用處的一段知名古語：「以銅為鏡，可以正衣冠；以史為鏡，可以知興衰；以人為鏡，可以知得失。」然而，與主標題濃厚的傳統中國意味頗不相同，國斌先生這部書的副標題「中國與全球歷史變遷的模式與社會理論」，卻又意欲修正既有「社會理論」，並有志於改良「全球歷史變遷」的史學書寫框架。因此，主、副標題可謂是傳統與現代的「混搭」，令本書在知識面向上呈現出某種有趣的張力，十分吸引讀者。

　　讀畢全書七章內容，確實可以深深感受到作者在人文與社會科學方面的廣闊興趣與長期浸潤。透過徵引與辯論史學、經濟學、政治學、財政學、國際關係研究、國際政治經濟學、策略研究等相關論著的一些重要論點，作者批駁了19世紀以來主要基於西歐歷史經驗而概括成形的某些至今仍有重要影響力的「社會理論」，進而針對「鑑往」如何可以「知來」的這項巨大課題，作者以中國、歐洲自11世紀以迄當代的歷史經驗為主，旁及美國、日本、德國等地的歷史經驗，鈎隱發微，現身說法，為往後「全球歷史變遷」歷史書寫可以如何更有啟發性，提供了相當多的洞見與建議。作者寫作本書的宗旨，正如其在全書結論所作的一段綜述：「想指出一些方法途徑，有益於我們未來面對地緣政治、全球經濟及地球環境上的種種挑戰，因為這些途徑讓

我們能夠承認，我們未來能打造的選項，至少一部分是基於一些歷史上的作法，是後者創造了我們今天面對的問題及可能的機會。」（頁162）

「鑑往」真的可以「知來」嗎？全書其實舉出很多例證，筆者在此只引其中一個事例：由19世紀初期以至20世紀晚期，全球經濟與政治變遷歷程，陸續由「以大西洋為中心」演變到「以太平洋為中心」，而當2013年中國大陸正式提出「一帶一路」倡議，未來歐亞大陸內部會不會成為全球「第三個巨型地區式空間」，未來全球經濟財富是否將緊密連結成「三個主要的經濟連結集群」？而在此全球經濟重新整合的過程中，原先歷史上出現的英國、美國「單一的經濟霸權」模式是否會再次重現以「符合過去全球經濟演化的要求」，還是未來走向將出現「與過去作法的斷裂」？（頁134）作者這種發問方向，具體展現了其「鑑往」以「知來」的學術企圖心，也確實與現今許多歷史學家撰述風格大異其趣。

在「鑑往」以「知來」的反覆論證裡，作者也極精彩地展示了他在超越「西方中心論」的長期努力。超越「西方中心論」肯定是件「知易行難」的學術事業。本書的作法則是：面對那些主要有關「資本主義的發展」以及「民族國家的形成」等「近現代性的大敘事」（master narratives of modernity），認真反思這些近現代性大敘事背後所主要依據的「歐洲證據」，並同時將近五百年來中國歷史上有關的「文化、經濟及政治作法」整合到「更大的經驗證據庫」；然後，一方面指出中國的歷史變遷敘事如何可供我們「修訂那些大敘事」與相關的「社會理論」，另一方面則據以發展出更有解釋力的全球史敘事模式以及更為細緻的社會理論（頁97）。作者相信，經過如此改良後的全球史書寫方式，才能幫助更多讀者在「鑑往知來」時，既「不會預設某個或某群國家的經驗

必然可充作全球規範」（頁 109），並且還能「將多樣的歷史納入對於吾人共有的當下與共享的未來之更大的理解之中」（頁 30）。

　　上述有關超越「西方中心論」的作法，其實是要更認真地面對「歷史比較」。作者在寫作此書之前，對於歷史比較方法已有長期反思與試驗。[1] 國斌先生在分析中國歷史變遷時，既參照歐洲歷史發展經驗，而又不受限於歐洲歷史發展經驗；在考察中國與歐洲發展經驗時，既強調要兼顧相似性與差異性，同時，還主張要綜合「回顧式分析」（retrospective analysis）與「前瞻式分析」（prospective analysis）。用作者在本書的說法則是：在比較中國與歐洲歷史經驗時，不要掉入許多人文社會學者進行歷史比較時經常出現的某種思考習慣與寫作風格——「把其中一個視為熟悉的、預期中的，而把另一個當作外來的、不尋常的」。作者對治此項思考與寫作習慣的方法，即是倡議針對兩個客體進行歷史比較時，應該更加講究「如何能做得更對稱均衡（symmetric）且更小心」（頁 111）。然而，要注意的是，這種「對稱均衡式比較」背後涉及的，其實也不只是研究者心態的調整，還要研究者在知識與視野方面拓展自己的能力，套用作者的話，這些能力至少包括以下三項：一則必須對兩邊（或三邊）比較案例都有充分且實質的熟悉認識；二則要能批判地檢視那些再現（representing）比較案例的學術著作；三則還要有效形構出這般作法所指向的未來發展，而不僅

1　王國斌對歷史比較方法的這些細緻講究，應該是直接承襲著名歷史社會學家蒂利（Charles Tilly）長期實作並宣揚的「涵括式比較」（encompassing comparison，有時也稱作「互惠式比較」〔reciprocal comparison〕、「對稱式比較」〔symmetric comparison〕等歷史比較方法），在出版此書之前，他至少已經使用此種歷史比較方法寫了兩部書：《轉變的中國》（*China Transformed*）以及《分流之前與超越分流》（*Before and Beyond Divergence*）（Wong, 1997；王國斌，1998；Rosenthal and Wong, 2011）。

止於暫時性的提議（頁111-112）。這對研究者而言確實是難度不小的
智性挑戰！作者寫道：「就我所見，歐洲以外世界上其他地區之歷史
並未受到應得的知性重視，」他主張要「嚴肅對待歷史」，「在面對歐
洲或其他地方在社會、文化、政治、經濟上之作法的型態（patterns）
時」，要能「審慎區分存在於它們之間的各種歷史維度，以及其中各
種異同之意義」，進而「了解未來在多大的範圍內可能發生變異」（頁
48），這便構成本書進行歷史比較時的基本態度與立場。

　　簡單說，本書之所以要力圖超越「西方中心論」，不只是為了批駁
既有的「近現代性的大敘事」以及基植其上的各種相關「社會理論」，
更同時著眼在重建新的歷史敘事模式與更合用的社會理論。針對明清
中國由所謂「近代早期」（early modern）到「近現代」（modern）大約五
百五十年（1368-1911）的長時段歷史，本書由宗教與國家互動關係、
財政體制以及工業發展三個面向，既比較中國與歐洲之相似性與差異
性，又從而提出一套新的歷史敘事模式。本書建構這套新的歷史敘事
模式，是寄希望於為中國、歐洲以及世界其他地區的同時段歷史，重
新建立更有解釋效力的「連結」（connections），試圖書寫一套更有啟發
性的「全球史」。可以這麼說，建立「明清中國與全球的連結」，藉以
替代「西方中心論」種種既有歷史敘事，即是本書的最主要著眼點。

　　筆者針對此書內容補充兩項個人觀察，希望或能有助於增益讀者
閱讀本書的思考面向。
　　第一項觀察是：在比較中國與歐洲存在相似性與差異性的過程
中，作者似乎特別關注「社會秩序的再生產」這個課題，值得在此做些
介紹與分析。在依序由宗教與國家互動關係、財政體制以及工業發展
等面向展開討論時，本書經常會先針對那些基於歐洲歷史經驗所總結

歸納並且廣為許多學者接受的「成功歷史敘事」進行概括，之後作者便
開始討論中國的具體情況。

　　與一般常見的分析手法不同，作者會先說明歐洲與中國所面臨的
處境，其實基本上是源自宗教政令、財政體制與經濟發展等方面的某
些共通問題與挑戰，因而具有一定程度的相似性；緊接著，作者便轉
而分析中國在解決這些共通問題與挑戰的具體辦法時，其實經常選擇
了和歐洲不一樣的因應之道，因而構成了中國與歐洲雙方存在的主要
差異性。而當本書仔細考察中國與歐洲相似性與差異性的時候，則經
常會將重心放在「社會秩序的再生產」這個核心課題上。

　　本書分析中國與歐洲「社會秩序的再生產」這個核心課題時，重
心特別放在國家機構與社會群體的互動關係上；而政府官員與社會
菁英如何針對良好社會秩序而進行想像、認知與評價的共同「感知」
（sensibility），則是區辨不同國家與社會互動關係的重中之重。

　　從某個意義說，本書分析明清中國「社會秩序的再生產」課題，
基本上是建立在作者對18世紀中國國家能力的認識上。在絕大多數
學者看來，明清中國政府規模甚小，因而國家能力極其有限，致使
鄉紳或其他各類社會菁英能以各種策略在地方事務上發揮巨大影響
力（Esherick and Rankin, 1990: 1-9），然而，王國斌卻以其與魏丕信
（Pierre-Etienne Will）的清代中國倉儲制度實證研究為基礎（Will and
Wong, 1991），對18世紀中國國家能力提出很不同的看法，我們不妨
引用一段本書文字：

　　　在18世紀以前，就當時的世界歷史標準來說，中國國家所能做
　　到的事情是讓人印象深刻的。舉例來說，國家可以收集中國超過
　　一千三百個縣每十天一計的糧價資訊，從這些資訊彙整出每個

府、州中數種穀糧各別的高低價格，再由省級官員按月回報給中央。基於價格與收穫的狀況，預估及實際結果都以正常豐收的情況為準來算出該年達到的百分比，而政府官員可以估算影響城居及鄉居平民的糧食供應狀況，且幾乎可掌握到全中國領域的地方層級。（頁54-55）

這段有關18世紀中國國家能力的描述，對許多讀者而言可能有點難以想像，但這不僅是作者基於實證研究而得到的具體觀察，更是本書據以比較中國與歐洲國家能力的一項重要基礎，作者據此進而針對中國歷史上的宗教政令、財政體制與工業發展等三大領域進行了細緻考察與比較。

以前述「讓人印象深刻的」18世紀中國國家能力為出發點，本書對中國與歐洲的「社會秩序的再生產」課題做了許多比較。作者的基本看法是：18世紀中國國家能力具有一種與歐洲不同的社會基礎，這主要是來自於政府官員和社會菁英對於如何建立和維持良好社會秩序的一種共同「感知」。本書強調：當時中國政府官員與社會菁英對於良好社會秩序具有一種共同期待，作者將這種共同期待的政治理想，稱為是一種「分形的治理議程」（a "fractal" agenda of rule）。在這個意義上說，傳統中國的國家與社會互動關係，經常表現出一套「共享的原則和治理策略」；而且，與11世紀至16世紀歐洲的歷史變遷極不相同，「在中國，無論地方或國家層次都缺乏宗教與世俗的區分」（頁53）；相對而言，歐洲的國家與社會關係便經常表現為一種「二元對立」，主要呈現為一種對抗並尋求妥協的「競爭性關係」。在本書看來，傳統中國「沒有出現如同近代早期歐洲鼓勵國家與社會分離並產生宗教與政治權威之區隔的制度和意識形態」，因而主要存在一種國家與社會之

間的「非競爭性關係」（頁56）。

　　上述國家與社會互動關係所存在的「差異性」，使得歐洲與中國在面臨原本「社會秩序的再生產」這一根本共通的「相似性」問題時，便各自選擇了不同的歷史發展途徑，並且同時影響到宗教政令、財政體制與工業發展等三個領域。在宗教領域上，中國可謂是一種「政教合一」的國家，而歐洲在近代初期則慢慢演變成為一種「政教分離」的國家；在財政領域上，歐洲是以英國（與其美洲殖民地）為典型（所謂「無代表、不納稅」），以及推行所謂「重商主義」的擴張商業貿易政策，進而增加稅收來源，以支持本國應對國際戰爭；而中國則是由地方官員鼓勵社會菁英興修水利、擴建糧倉以穩定農業稅收，並藉以支持大型軍事活動。在經濟發展與工業化的領域上，歐洲國家偏重支持特定行業的商人，致力於「以生產更多、外銷更多以便積聚更多金錢的方式，使自己的國家更富有、更強盛」；而中國到了晚清政府募集資金、組織新產業時，一開始仍然是「經由官員與士大夫的齊心協力獲得開展」，而後來則是透過光緒三十二年（公元1906年）發布《勸商章程》等辦法，對那些協助政府在國內創立實業的商人授予官爵，以使「商人菁英們承擔某事物的社會責任感」（頁83、93）。

　　這些事例都在在證成歐洲與中國在針對「社會秩序的再生產」共通課題時，雙方在國家與社會互動關係上其實已在11世紀之後慢慢演化出巨大差異性。影響所及，中國與歐洲在國家、菁英與普通百姓之間的互動關係上，彼此便顯得相當不同，形構出兩種極不相同的「制度化期望」（頁53），進而致使雙方在政治與經濟變遷長期過程中，經常出現頗不相同的「信念與利益」表達方式（頁117）。具體而論，當歐洲由「君權神授」演變為「人民主權」的政治經濟體制時（頁122），中國則始終有效運作著一種強調政府必須重視「農民物質安穩之日常福

祉」的「中國式善治觀」（頁125）。

　　值得注意的是：作者似乎認為，上述歐洲與中國兩種政治經濟體制或是「治理觀念」，其實並無絕對的優劣之分。以歐洲近代民主政體而論，其所「主張的政治正當性」，是以施行「多數公民支持的政策」為依歸，且「公民能用選票汰除不符民意期待的領導人」，故而人們期待「成功當選的官員應該代表支持者的利益」，但即便這個程序不受制於「特殊利益團體之遊說（lobbying）」，民主政治如何能在「彼此競爭的群體、團體或階級利益之間」超越特定當選人及其「支持者利益」以符合更廣大的「國內社會利益」，至今仍存在不小問題（頁121-122）。反觀中國平民百姓，儘管未曾出現歐洲那種「人民可用以追求利益的技巧，也因表達利益訴求的管道（如工會和選票）增多而更加多元」，中國人用以「表達利益的制度和機制」始終未曾有過「相同的拓展」（頁126）。然而，中國傳統仁政下的「政治正當性觀念」，其實是「比歐洲更重視人民的利益」，而這些人民利益的重要性，則是由「對於何謂善治的共同信念」所確認。儘管近現代中國人「並不享有如歐洲人那般的基礎」來落實自己的需求，無法如歐洲人那般透過議會選舉而「與官員合作以推動讓他們協商利益的方法」，但中國民眾至今仍然強烈深信「官員和地方菁英應該施行善治」。雖然有時候「除了更多抗爭之外也訴求無門」，但這種傳統的「中國式善治觀」仍然在深處不斷發揮作用，作者甚至寫道：「1989年春天在天安門抗議政府的群眾，他們對自身所擁選項之設想，或許大致上便是如此。」（頁126）

　　筆者對本書的第二項觀察是：在比較中國與歐洲相似性與差異性的同時，作者對中國與歐洲的各自內部演變過程，雖然也有留意，但相對說來，作者似乎更加看重特定比較對象在其過去與近現代之間的

「延續性」而非「斷裂性」。這似乎呼應了作者對歷史比較方法的一貫主張：要同時綜合「回顧式分析」與「前瞻式分析」，不能只由近代的角度看過去，以免過度地「只以成敗論英雄」。[2]

何謂更加看重特定比較對象的「延續性」而非「斷裂性」？例如，在討論歐洲的宗教與國家關係時，本書儘管留意到歐洲自11世紀建立教皇制、16世紀發生宗教改革，乃至於其後民族國家更形穩固的種種變化，但仍然強調歐洲這段歷史上一脈相承的那種社會與國家相互對抗並尋求妥協之「競爭性關係」。這種強調「延續性」而不是「斷裂性」的分析視角，在分析明清中國經濟發展與工業化的議題上，則更加顯著。

雖然本書提及明清中國經濟發生了由18世紀的農業發展、19世紀頻繁的商業糾紛及其解決機制，乃至於清末成立農會與商會的一系列重要變化，甚至還超出明清時代而一路往下論及一九八〇年代中國大陸鄉鎮企業的崛起。討論這麼長時段的中國歷史變化，作者當然不可能不知道自19世紀晚清以來中國經濟變化出現了某種巨大的「斷裂性」，但是，本書最終還是強調這其間的「延續性」，這是一個極特別而且又確實容易引起爭議的作法，需要讀者多予留意與深入思考。

作者寫道：在中國，「19世紀晚期官員、菁英之間應對彼此的不同方式，靠的是一套在數百年間發展成熟的措施」，晚清「官員與商人在打造新式產業時，遵循著同一個方案」，而這一方案則「從屬於一套更為深廣的政治經濟原則」；即使是晚清中國政府開始主動參與萬國

2　李伯重先生對此種比較方法，曾作過如下解釋：「在時間方面，則不僅站在近代的角度看過去，而且也站在先前某一時點看後來」，（李伯重，2000：152-153）前者是指「回顧式分析」，而後者則指「前瞻式分析」。

博覽會，這是一種之前並不發生在中國的「新措施」，但是，官員與商人相互合作的那套從屬於傳統中國政治經濟原則的「舊措施」，仍然能持續發揮作用：「舊有的措施雖構成了更廣大的模式，但由於它同時對改變抱持開放態度、保持靈活彈性，新的措施便能夠成為它的擴充或補充。」（頁88）

　　20世紀初年，當清政府準備在全國成立「工藝總局」以發展近現代工業時，依然是「借助官員與士紳們共同努力」，而其經濟發展模式則仍舊是側重「工業與鄉村生產的整合」；即使到了民國年間的一九二〇至三〇年代，無論是位於華北的定縣之採用西方技術發展鄉村工業、高陽縣自日本引入鐵輪機以供鄉村農家紡織，或是地處江南的上海在都市發展紡織與食品輕工業，作者認為：這些地區都同樣未曾放棄明清中國長期以來結合農村生產以及市場商業網絡的既有工業模式。這種既有的工業模式，甚至重新出現在中國20世紀晚期如「爆炸般地成長」的鄉鎮企業，在作者看來，「中國過往的鄉村產業模式，與直到20世紀末期的鄉鎮企業增長，兩者之間有一個清楚的連結」（頁91）。

　　本書看待「延續性」與「斷裂性」的視角很有意思，用作者的話來說會更為傳神：由明清以至當代中國的工業發展經驗看來，「沒有什麼是近現代、什麼是傳統的清晰關鍵分別；傳統事物正被近現代元素改變，而不是一竿子全汰換掉」（頁89）。細心的讀者應該會承認，本書並非要說傳統與近現代中國經濟之間並不存在重要變化，作者只是想強調晚清中國政府採用的「舊措施」在近現代仍然有其重要的延續性，而那個不該受忽略的「舊措施」，則正是明清中國「一套在數百年間發展成熟的措施」，是中國政府官員與社會菁英所共同分享著一套政治經濟原則，這套源自傳統中國的措施「將鄉村工業視作一種工業

活動的形式，認為它不但可以直接提升農業人口的物質福祉，也是中國工業化進程中的一個關鍵要素」（頁92）。

　　對本書的上述兩個觀察，應該有助於理解作者寫作全文的宗旨：透過對明清中國與同時段歐洲的比較，希望可以「重新形構一些途徑，讓社會理論能超越巨型結構分析」，進而能夠了解「歐亞各帝國之政治命運、它們的轉型對其治下社會所造成的影響，以及在各別帝國境內發生和遍及歐亞大陸之經濟變革的邏輯」（頁95）；作者重構這套新的歷史比較方法，不只著眼對過去歐亞大陸歷史的更有效理解，也寄希望於影響未來：「致力於同時評估相似與差異，則有助於我們避免太簡化的期待，以為世界各地與日俱增的連結將孕育出更加齊一均質的世界」，因為「各地近代早期之各種歷史將影響我們全球的未來」（頁97）。

　　可以這麼說，對作者而言，建立「明清中國與全球的連結」，不僅是要對過去歷史做出更有效的說明，也還希望能對未來世界發展趨向提供更有創意的評估與想像。從某個意義說，這其實也是「通古今之變」這項傳統中國史學懸為理想目標的一種現代詮釋。

　　本書對明清中國的解釋，主要是著眼在對其與歐洲近代社會變革之間存在的相似性與差異性做更細緻的比較。或許正因為如此，作者對明清兩代近五百五十年間的國家能力變動，以及經濟、法律、意識形態等方面的內部差異，可能會有過於強調明清「延續性」而忽視其間重要變化的問題。

　　諸如晚明以來隨著長程貿易發展以及「一條鞭法」擴大推行而出現的新局勢，更多官員察覺到商人若是減少到來，將同時造成本地糧食短缺以及銀錢比價不利農民繳納白銀等弊病，從而致使「厚商以利農」

等強調保護商業的政策主張更加普及（林麗月，2014），清代承接了晚明這種發展趨勢，18世紀甚至有江西省級地方官員在《西江政要》這類「省例」公文書上宣稱：「富乃貧之母，為國家元氣，富戶凋敝，不僅貧民失依，元氣亦傷。」（邱澎生，2008：244）要留意的是：整體說來，這種因為著眼照顧農民生計而連帶保護商人利益的作法，並非是晚明之前普遍出現於中國的政府施政方式，過度強調「延續性」則可能低估了16至18、19世紀傳統中國社會出現的種種重要變遷。

　　至於地方政府與宗族等社會菁英的互動方式，有學者也強調晚明福建地區實施一條鞭法而上繳中央稅收增多以致地方政府財政規模銳減，只能「授權」更多公共事務給予宗族，這也不是晚明以前中國情況。至於地方政府的胥吏人數規模明顯擴大（白德瑞，2009），以及地方訴訟案件數量的驚人成長（夫馬進，2013），這些現象其實與本書例證的倉儲體系與糧價奏報制度一樣，基本上都是屬於18世紀以後才出現在中國的顯著現象。因而，如何更細緻、更恰當地區別明清中國內部的「舊」與「新」？這或許仍是值得續做考察的重要議題。不過，對作者而言，也許16世紀以後上述中國這些林林總總的變化，其實都並不影響他有關中國在「分形的治理議程、政教合一、制度化期望、中國式善治」等方面與歐洲自11世紀以來逐步成形的巨大差異。是耶？非耶？這對筆者日後研究確實構成了重要挑戰，深具意義。

　　最後，不妨引用人類學家吉爾茲（Clifford Geertz）一段話來為本書提供一點參照：「我們現在面對自我定位的時候，既不可將他人遠遠推向相對的極端，亦不可將其拉進而有如我們自身的摹本，而是要將我們自己置身於他人中間。」（吉爾茲，2000：245）國斌先生此書針對明清中國與歐洲的兩個歷史主體，確實有效做到了「要將我們自己置身於他人中間」，並且還提供了一套「鑑往」以「知來」的歷史觀照

視野；同時，筆者還深信此書也會為學界繼續書寫「全球歷史變遷」並且創新「社會理論」，提供許多有用的反思與洞見！

參考書目

王國斌（1998）《轉變中的中國：歷史變遷與歐洲經驗的侷限》（李伯重、連玲玲譯），南京：江蘇人民出版社。

夫馬進（2013）〈中國訴訟社會史概論〉（范愉譯），《中國古代法律文獻研究》（第六輯）（中國政法大學法律古籍整理研究所編），頁1-74，北京：社會科學文獻出版社。

白德瑞（Bradley Reed）（2009）〈「非法」的官僚〉，《從訴訟檔案出發：中國的法律、社會與文化》（黃宗智、尤陳俊編），頁43-79，北京：法律出版社。

吉爾茲（Clifford Geertz）（2000）《地方性知識》（王海龍、張家瑄譯），北京：中央編譯出版社。

李伯重（2000）〈「相看兩不厭」：王國斌《轉變的中國：歷史變遷及歐洲經驗的侷限》評介〉，《史學理論研究》2：148-158。

林麗月（2014）〈明清之際商業思想的本末論〉，《奢儉・本末・出處：明清社會的秩序心態》（林麗月著），頁183-217，台北：新文豐出版公司。

邱澎生（2008）《當法律遇上經濟：明清中國的商業法律》，台北：五南圖書出版公司。

鄭振滿（2009）《鄉族與國家：多元視野中的閩台傳統社會》，北京：生活・讀書・新知三聯書店。

Esherick, Joseph W. and Mary Backus Rankin. 1990. "Introduction." In *Chinese Local Elites and Patterns of Dominance*, edited by Joseph W. Esherick and Mary Backus Rankin, pp. 1-24. Berkeley: University of California Press.

Rosenthal, Jean-Laurent and R. Bin Wong. 2011. *Before and Beyond Divergence: The Politics of Economic Change in China and Europe*. Cambridge, MA: Harvard University Press.

Tilly, Charles. 1984. *Big Structures, Large Processes, Huge Comparisons*. New York: Russell Sage Foundation.

Will, Pierre-Etienne and R. Bin Wong, with James Lee and contributions by Jean Oi and Peter Perdue. 1991. *Nourish the People: State Civilian Granaries in China, 1650-1850.* Ann Arbor: Centre for Chinese Studies, University of Michigan.

Wong, R. Bin. 1997. *China Transformed: Historical Change and the Limits of European Experience.* Ithaca: Cornell University Press.

理論的迷思

重新評估近代中國的變遷模式

巫仁恕

　　2013年台聯大文化研究國際中心（International Institute for Cultural Studies，簡稱為IICS）邀請國際著名的經濟史學者王國斌（Roy Bin Wong）教授擔任傑出學者講座，這是台灣歷史學與人文學界的大事。王教授當時提供了三場系列演講，不僅如此，在事後又補充了許多內容，改寫成七章的專書，這本專書即將以繁體中文在台灣問世，對台灣學界來說是非常難得的一件事。本書書稿完成後，王教授囑余作序，能受王教授青睞膺此重任，實為本人的榮幸。但也感到惶恐，因為王教授學術地位崇高，自己的學力有限，深怕讓王教授與讀者失望。謹在此勉力而為，希望此序言的介紹能提供台灣學界對王教授有更進一步的認識，而且對此新作能有更深的了解。

　　王國斌教授目前任教於加州大學洛杉磯分校（University of California, Los Angeles，簡稱為UCLA），在2004年之前他曾在加州大學的爾灣分校（University of California, Irvine，簡稱為UCI）任教。當時他與幾位該校研究中國史與環境史的教授如彭慕蘭（Kenneth Pomeranz）等，結合南加州其他大學的歷史系教授，一同組織世界史的研讀會，研讀會的宗旨並非只是研究中國史本身，而是企圖從更大的視野來看中國歷史。而其專著《轉變的中國：歷史變遷與歐洲經驗的侷限》（*China Transformed: Historical Change and the Limits of European Experience*）在1997年出版英文本，1998年翻譯成中文版本並新增兩

章，該書從經濟發展、國家形成、政治與抗爭三個角度來比較中西
近代歷史的變遷。著名的經濟史學者李伯重有專文介紹該書，茲不贅
述，還請讀者參閱。[1] 該書出版之後激起非常大的迴響，不僅是中國
史學界，在歐洲史與社會科學界也獲得極大的關注。以筆者所知，舉
凡論及近代全球史、全球環境史與生態史、近代早期世界經濟史、歐
洲工業革命與世界史、社會學與新制度經濟學理論、帝國主義與後殖
民主義等的歐美著作皆曾引述該書，可見其影響力之大。大概從九○
代後期開始，美國的漢學界就稱其為「加州學派」（California School）
的代表人物。

王教授的著作呈現四個特點：首先是從長時期的角度來觀察歷史
變遷，其著作往往從近代早期，也就是追溯明清時期（有些方面上溯
到1100年）到近、現代中國的歷史變遷；其二是從比較史學的方法分
析中國與歐洲近代史的發展異同；更重要的是他的著作充滿批判力，
尤其是針對以西方中心觀所發展形成的世界史觀與社會科學理論；
還有最後一項特點，尤其在本書至為明顯，就是他企圖聯繫歷史到
當代。

要能做到以上的這些特點，必須具備許多專業。一是必須擁有
對中國歷史的深入理解，尤其是要有從明清以來到近現代史的深入研
究，才能從長時段的角度研究歷史的變遷。王教授早期研究清代湖南
的米糧市場與糧食暴動，之後又鑽研清代的倉儲制度，對清代華北的
家庭與人口問題也有專論，[2] 這些扎實的中國史研究成果在中國史學

---

1   李伯重（2013）〈「相看兩不厭」：王國斌《轉變的中國：歷史變遷與歐洲經驗的侷限》
    的研究方法評介〉，《理論、方法、發展、趨勢：中國經濟史研究新探》（修訂版）（李
    伯重著），頁170-186，杭州：浙江大學出版社。

界早已為人所熟知，且成為修習中國經濟史的必讀物。在後來的專書中，他也常常以這些研究為例作為解釋的基礎。

其次，要能同時將中、西的歷史發展做比較，也必須對西方近代歷史的發展有同樣深度的理解，這還得吸收大量的二手研究文獻，才能做中、西的比較。王教授在學術經歷上非常特別，他原來在大學時期主修的是經濟學，除了經濟學與社會科學理論之外，還修習許多歐洲近代歷史的相關課程，而且他的法語非常流利。他對最新的歐洲史研究相當熟稔，從他的著作裡就可以看到他常引述最新的歐洲經濟史專著，這樣的學力已讓人驚嘆不已、望塵莫及。之後，他才轉移興趣到中國歷史。

第三，必須能掌握社會科學的理論與方法，並且熟知該理論形成的背景，才能一針見血地批判社會科學理論的大傳統。在《轉變的中國》一書中，就可以看到王教授對許多社會科學的理論如數家珍，如經濟學的古典主義、新古典主義與制度經濟學等經濟發展的理論。此外，還有一位學者的理論對他的著作影響甚大，那就是他的業師蒂利（Charles Tilly）教授。蒂利教授是歷史社會學的大師，他的著作包括近代早期西歐之資本主義發展、國家建構與群眾集體抗爭等面相，都對

2　　Wong, R. Bin. 1982. "Food Riots in the Qing Dynasty," *The Journal of Asian Studies* 40 (4): 767-788; Lavely, William and R. Bin Wong. 1992. "Family Division and Mobility in North China," *Comparative Studies in Society and History* 34 (3): 439-463; Will, Pierre-Etienne and R. Bin Wong, with James Lee and contributions by Jean Oi and Peter Perdue. 1991. *Nourish the People: The State Civilian Granary System in China, 1650-1850*. Ann Arbor: Center for Chinese Studies, University of Michigan; Lavely, William and R. Bin Wong. 1998. "Revising the Malthusian Narrative: The Comparative Study of Population Dynamics in Late Imperial China," *The Journal of Asian Studies* 57 (3): 714-748.

王教授影響甚深。[3] 王教授在《轉變的中國》一書的致謝辭裡，就提到他對該書中三大主題發生興趣，起始於他在大學生時代與蒂利教授的一段學術緣分。王教授非常感性地同筆者提到，蒂利教授是他的良師益友，直到 2008 年蒂利教授過世前兩個月，王教授還曾與他會晤。

　　前述的三項條件或許可以勤奮閱讀與深入研究來達到，但最後一項特點則是需要對當代局勢與社會有敏銳的觀察力與分析力，並且能充分反省歷史對了解當代現實的作用，這是需要相當的天分，如同唐代史家劉知幾（661-721）所謂的「史識」。吳承明教授為《轉變的中國》中文版所撰寫的序言裡提到，作者在該書的結論中提出未來中國的發展不免有若干不確定的因素，以至有懷疑論的情緒。吳教授云：「這並不奇怪。就歷史學來說，恐怕經常是要到下一個世紀才能議論前一個世紀的事實。」經過二十年後，作者撰述本書的主要動機，恐怕就是來自對當代中國崛起的省思。本書第一章批判當今評估全球各國家時，往往依據的仍然是它們與成功的近現代社會原則差距多遠，而這些原則又是萃取自歐洲的歷史經驗。然而，當代中國大陸的變遷型態並非根據西方的歷史經驗與社會理論所能解釋。正是這個當代的議題，促使他思考從歷史的角度來修正過去的認知。

　　本書從三個主題分別討論中、西歷史發展的異同。第二章討論政教關係。近代早期歐洲國家已經完成的政教分離，在近現代被提倡為一種國家塑造的全球性原則。不過，作者認為這種世俗／宗教的區分

3　蒂利教授較為中文學界熟悉的是關於近代法國群眾抗爭的歷史，參見提利（Charles Tilly）（1999）《法國人民抗爭史：四個世紀／五個地區》（劉絮愷譯），台北：麥田。此外，上海人民出版社與上海格致出版社已將蒂利教授諸多著作翻譯成簡體中文。關於蒂利教授早期研究集體抗爭的業績，筆者有中文簡介，參見巫仁恕（2011）《激變良民：傳統中國城市群眾集體行動之分析》，頁 16-19，北京：北京大學出版社。

其實忽略了歐洲中世紀的歷史，而且也忽略了全球其他文明的歷史發展。他以中國的歷史為例，說明此通則並非適用。中國官僚體制自明清以來，已經發展出一套禮儀實踐的新儒家式模式，藉由認可某些神祇的方式，以國家力量介入社會的宗教生活。由是政治／宗教並未區分，而國家／社會也未有二元對立。當代中國已經確認這種權威，如同明清時代國家對宗教活動的介入。

第三章討論財政關係。過去認為近現代國家就是在財政上有其優勢，包括取得資源以支應軍事武力、透過與社會菁英的協商來確保稅收的取得、透過海外貿易來拓展商務，如此讓國家獲益豐富，也帶動經濟發展。西方學者常以此為典範，來解釋其他國家財政挫敗的原因。然而作者並不以為然。首先他指出西歐國家財政制度形成有其特殊歷史經驗，接著指出歐洲的模式並非一定是促成20世紀非歐洲地區轉變為發展型國家的軌跡。以20世紀後半業中國的發展為例，其財政體系就並非是完全照搬西歐的財政體系。作者從歷史的比較角度，發現財政政策在中、西兩方都各自有促進與限制商貿發展與成長的特質。再就徵稅與支出來衡量明清的財政體系也不一定是缺乏效率。又在第四章中還提到中國在19世紀期面對財政的難題，事實上和那些近代早期歐洲國家建構者所面對的問題很相似，晚清的政府也發展出倚賴商業稅收，以及利用貸款、公債來籌錢的機制。

第四章作者回到晚清中國工業化的政策，並試圖與歐洲及全球來比較。過去的學界認為晚清工業化是失敗的，但作者從領導菁英與國家領導的角色出發，重新檢視這段歷史，指出在募集資金、組織新產業方面，官商已發展出新的一套合作方式。在農業政策方面，推動近代化農業發展的農會組織，其實也是延續清代士紳菁英與官員的結合模式，如同社倉或義倉組織。再就鄉村手工業的提倡而言，更是直接

連結到20世紀末鄉鎮企業的增長，成為中國大陸改革開放中工業擴張的關鍵要素之一。

第五章中呈現作者更大的企圖心，他嘗試將中國歷史整合進全球史。他的取徑是重溯工業化、財政措施，以及宗教與政治的關係等主題之淵源，再嘗試以中國的歷史為例，來修正或重構今日習以為常的現代性大敘事。20世紀後半葉中國在工業化暨經濟發展的成功，同美國、德國與日本三國工業化的案例，都有類似的特點，同時也有差異性。這些差異顯示，它們並非是複製當初英國工業成功的路徑，然而殊途同歸。就公共財政而言，「最好」的公共財政也因各別國家的政治、意識形態與制度而有不同，如被視為威權體制的中國，不見得比民主體制的國家表現來得差。至於中國這樣政教分離的世俗國家，其治理原則更像是儒家主張的德政，即國家應該是道德權威的來源，與自由民主社會所預設的「善治」迥異。然而近代以來西方形成的全球史觀點，卻把中國的崛起視為全球的威脅。

第六章是本書最具概念性的一章，作者企圖討論歷史上「人」的能動性，以利益與信念（interest and belief）為出發，討論這兩組概念如何影響到人們的政治過程、經濟變遷與文化承諾。作者指出近代早期過渡到現代時，歐洲政權的正當性從宗教信仰轉移到世俗利益，形成的民主政治制度其實是菁英與統治者的利益協商。但在中國，對人民利益的重視遠比歐洲來得更早，雖然未落實到體制上，但卻鑲嵌在更普遍的政治正當性意識形態之中，即所謂的「天命」觀。中國的官僚菁英更常與官員協力合作，在「利民」上努力。上述作者稱之為「中國式善治觀」（Chinese understandings of good governance），並以之解釋中國大陸的專制政權何以在改革開放後的人民滿意度，較其他亞洲民主政權更高。

　　最後一章，作者認為藉由重新思考歷史與現今之間的關聯性，進而可以改善社會理論及社會科學之方法，並且提供我們面對未來的可能性方法。這章其實觸及了歷史學在當今人文社會學界存在的基本價值。當今社會理論與社會科學建立的通則，從「社會科學歷史」（social science history）的角度證明實在難以解釋各地國家發展的變異。這也說明了若能擴大過往的大社會理論所引用的歷史經驗，同時也在我們的歷史研究中更有意識地應用社會科學方法，便能使社會理論更加豐富多彩。當我們愈了解歷史，也會有益於我們面對未來地緣政治、全球經濟及環境上的種種挑戰；因為我們未來打造的選項，至少一部分是基於歷史上的經驗。

　　閱讀本書對歷史學者而言有許多啟發。首先，雖然受過史學訓練的學生都知道歷史學是為了因應當代的問題，而嘗試從歷史經驗中找到因果關係，進而為當前的問題尋求答案。然而，隨著歷史學專業化之後，專業的史學著作似乎在這方面的成績乏善可陳。誠如作者在第一章裡所言，中國史專家對中國的經驗都所知甚多，但是關於歷史的過往對今日之相關性的討論，卻只占史學研究很少的篇幅。如今歷史學研究流於「碎片化」，許多論文只是選擇規模很小的題目；探討因果關係與提出概念化論點的這類文章，真是少之又少。就是因為專業的歷史研究與人們關心的問題毫不相干，所以無法感動讀者、讓讀者產生共鳴，無怪乎歷史學漸漸成為夕陽學科。本書著實喚醒我們歷史學家應該擔起原來肩負的任務，鼓勵歷史學者重新拿起史家之筆，努力探尋當代事件的歷史淵源與因果關係。

　　當代中國大陸的變化也讓我們重新思索與評價中國歷史發展的諸多問題，尤其是過去許多議題的問題意識，其實都有重新檢討的必要。例如過去史家在評價明清史時往往陷入為何中國會失敗、為何中

國落後西方這樣的問題意識。如著名的明史學者黃仁宇對明代財政體
系的評價，他以現代西方財政制度的標準來衡量明代財政，得出「無
法用數字管理」、沒有預算制度、只能量入為出等負面評價。[4]然而，
王教授在本書討論財政關係的部分，將中、西財政體系形成的歷史放
回各自的脈絡，且中肯地評價中、西兩方各有優缺點。筆者亦認為若
將明代的財政置於世界史的比較角度來看，明代的財政規模之大，即
使並非主要倚靠像西方一樣的商業稅收，在當時全球少有可以與之匹
敵的國家。

　　另一個過去大陸學界經常討論的議題就是「資本主義萌芽」，當如
今中國大陸逐漸邁向資本主義化的情境下，持續探討中國歷史上為何
沒有發生資本主義這樣的議題，似乎就顯得不合時宜了。中國大陸學
界自九〇年代以後關於資本主義萌芽問題的討論明顯降溫了，取而代
之的是對這個問題的反思，有的認為是「情結論」、「死結論」，甚至以
為這是「假問題」。當今已有著名的學者如李伯重主張今後中國經濟史
學研究應該要擺脫「資本主義萌芽情結」，以開創史學新局面。[5]現階
段研究明清史的確需要新的範式，以重新評估明清經濟發展與社會變
遷的過程。

　　此外，讀者還可以從本書的內容了解許多爭議話題，例如同為南
加州學派的彭慕蘭教授在出版《大分流：中國、歐洲與現代世界經濟

4　　Huang, Ray. 1949. "Fiscal Administration During the Ming Dynasty." In *Chinese Government in Ming Times: Seven Studies*, edited by Charles O. Hucker, pp. 73-128. New York: Columbia University Press；黃仁宇（2007）《16世紀明代中國之財政與稅收》（第二版），北京：生活・讀書・新知三聯書店。

5　　徐泓（2018）〈中國資本主義萌芽問題研究範式與明清社會經濟史研究〉，《中國經濟史研究》1：169-181。

的形成》（*The Great Divergence: China, Europe, and the Making of the Modern World Economy*）一書後，引發了一場學界的大辯論。本書對此辯論也有詳細的評論。事實上，王教授另有一書《分流之前與超越分流：中國與歐洲經濟變遷的政治》（*Before and Beyond Divergence: The Politics of Economic Change in China and Europe*）補充了彭氏在《大分流》一書中的分析。[6]

　　也許讀者閱畢本書之後仍有許多疑問，例如為何要從「近代早期」來看，為何不從更早時期的歷史來看？之所以選擇近代早期（early modern，16-18世紀），作者在首章即指出，因為當時世界各地不同地區的原則和作法，對於各地區在日後所形成的現代政治、經濟和宗教的問題都具有相當重要的影響。明清史學界也已指出過去用的傳統／現代對立的觀點，其實是應該重新思考的。所謂的「傳統」其實也是在明末清初才形成的現象，而且近現代的許多現代性特徵其實是明清時期的延續。[7] 又例如研究中國民間信仰的學者可能對作者主張的中國政教關係有意見，尤其是對作者傾向主張國家將地方神明「標準化」（standardization）的看法不以為然。[8] 不過，筆者想說的是，作者在本

6　Rosenthal, Jean-Laurent and R. Bin Wong. 2011. *Before and Beyond Divergence: The Politics of Economic Change in China and Europe*. Cambridge, MA: Harvard University Press.

7　岸本美緒「東アジア・東南アジア伝統社会の形成」、岸本美緒編『岩波講座世界歴史13』、岩波書店、一九八八年、1-73頁。

8　對華琛（James Watson）提出神明標準化（standardization）的挑戰，可參見宋怡明（Michael Szonyi）（2011）〈帝制中國晚期的標準化和正確行動之說辭：從華琛理論看福州地區的儀式與崇拜〉（劉永華、陳貴明譯），《中國社會文化史讀本》（劉永華編），頁150-170，北京：北京大學出版社；Szonyi, Michael. 1997. "The Illusion of Standardization the Gods: The Cult of the Five Emperors in Late Imperial China," *The Journal of Asian Studies* 56 (1): 113-135。

書是從與近代早期歐洲歷史比較的角度，來看中國歷史的政教關係，故國家介入神明體系是相對於西方的中國特點。最後，讀者可能會覺得作者認為「中國式善治觀」在今日中國大陸領導人的觀念中還發揮作用的這一想法，太過樂觀；或是認為作者跳過共產主義與社會主義的思想，難道當今中國共產黨的統治已經完全拋棄了社會主義的治理觀念嗎？實則作者對「一帶一路」的看法也仍有保留。預測未來中國的發展畢竟不是歷史學家的專長，這個問題恐怕也只能留待後人揭曉。

　　最後，本書也刺激身處台灣的我們省思歷史研究的未來走向。中國國力的復興對學術界的衝擊還有另一面相，特別是影響中國史研究與漢學研究的學術圈。筆者有位社會學的朋友，他鑽研18世紀末到19世紀初中國的集體抗議事件。他的論文刊登在美國重要的社會學期刊上，他坦承正是因為中國的崛起，西方學術界對中國的興趣劇增。如果是在二十、三十年前，他的作品根本難以刊登在這類頂尖的期刊上。事實上近年來因為中國的崛起，研究中國問題、中國歷史與漢學的學者在歐美大學的地位也隨著水漲船高。上述的例子都說明了其實現在是中國史研究難得有的大好前景。這方面台灣在過去三代學者的努力與提倡之下，已經形成非常優秀的傳統。如今更應該認真思量如何在這波熱潮中，發揮自己的長處，站穩學術領先的地位，將台灣的學術界推向世界的核心。

第一章

藉歐洲以外世界各地區之歷史面對全球狀況的複雜與多元

　　在許多課題上,我們往往認為:在歐洲歷史中形成了一些關鍵的作法及措施(practices)[1],而這些關鍵作法的流傳則創生了近現代(modern,19-20世紀)時期的基本特徵。這當然非常適用於那些採取歐洲理念和制度來建造自身國家和社會的白人移住民(settler)社會。然而,對於在經濟、政治和組織化宗教(organized religion)上都擁有各自歷史的世界其他地區,人們對各種議題的認知主軸和評估標準,仍是由一種預設所界定,亦即認為近現代時期的經濟變遷(economic change)、國家建構(state making / building)[2]和宗教活動均是由於採納並適用了歐美原則和作法而驅動。我們為了跨出此一思維取向而做的努力,即已經為源於歐洲的一般性和普世性,給出特定的和地方的限定。

1　　譯註:Practice一詞在本書中的脈絡與用法相當多元。翻譯原則是:一般性的用法譯為「作法」或「實務」;涉及政治與經濟等體制性的脈絡時如fiscal practice則為「財政措施」;風俗和信念信仰上的cultural / religious practice為「文化 / 宗教實踐」,等等。此處「作法及措施」便是泛指上述諸義。此外,請讀者更注意此詞在體制脈絡下的多層次涵義:practice不僅指「實際上的做事方法」,也不只是依據經驗而歸納和俗成的模式,更指「根據特定原則而形成的作法」。例如「財政措施」雖指財政政策和制度,但作者意在指出這些措施都是根據某些原則所產生的方法或手段(methods),而本書關切的不僅是實際上如何運作,更是原則層次上的省思。

2　　譯註:在本書中,state making及state building為通同詞,一致譯為「國家建構」。

　　近代早期（early modern，16-18世紀）世界不同地區（如中國和歐洲）的原則和作法，對於各地所形成的近現代政治、經濟和宗教的問題與可能性而言，是有其重要性的，這本小書對此提出了一些方式以建立更相稱的評估。此一探究歷史變遷的取徑，旨在修正我們的了解：世界不同地區的歷史該如何深入研究及彼此對話，並由此對世界的歷史及未來理解得更加踏實有據、思維更加嚴謹。隨著我們越將目光從較遙遠的過去移至眼前當下，世界各地的連結也就越發重要，然而除非我們更加了解那些連結如何造就各個地區更為廣大的整套可能性與問題，否則我們就不算是將多樣的歷史納入對於吾人共有的當下與共享的未來之更大的理解之中（Wong, 2013）。19世紀和20世紀早期著名的社會理論均是以分析歐洲歷史變遷為基礎，而我們二戰後的社會科學亦皆採借這些社會理論。今日要修訂社會理論，一種可能的方法是思考我們若鍥而不捨地探究政治、經濟和文化等方面的各種變遷歷史，會如何發現我們在新的社會理論時代中所需要的材料。

　　承認歐洲的歷史經驗不足為世界其他地區之歷史變遷提供合適的引導，至今並未激發多少努力以打造一種知性架構，容納我們所創造關於歐洲之外其他地方在與歐洲發生嚴肅的政治、經濟和文化接觸之前或之後狀況的大量知識。於是，19至20世紀早期的社會理論大傳統（grand tradition）聚焦於近現代歐洲的誕生，以此當作了解全球歷史變遷的樣板，而我們卻無法為這些理論提出令人信服的替代選項。有兩大彼此關聯的原因，使得20世紀許多社會科學和人文學科（humanities）認為世界上非歐洲地區的政治、經濟及文化狀況最好被視為近現代歐洲作法的變形。第一個原因是，世界上非歐洲地區存在許多政治、經濟和文化菁英（elites），他們擁抱西方的思想與制度，以此作為資源來改造並重建自己社會。第二個原因是，大多數非西方

社會均順服於西方領導的政治、經濟及文化系統之下，而這些系統則是由影響力與支配力的多變交織所形成。21世紀初，有些探討當代政治、經濟及文化多樣性且頗具影響力的研究取徑，其歷史背景便是上述這兩大全球發展進程（processes）；學者和決策人士在解釋全球政治系統、經濟表現和文化實踐（cultural practices）的各種差異時，所依據的仍然是它們與成功的近現代社會原則差距多遠，而這些原則又是萃取自歐洲歷史經驗。然而事實上我們並不清楚，根據這般途徑來探討世界各地的狀況，對於全球性的多變多樣究竟能了解多少，解釋起來又有多少說服力。

　　稍微想想一些政治科學家和決策者是怎麼談「失敗國家」（failed state）。失敗國家之界定，其度量標準在於辨識出一個政治系統缺少了西方的制度特徵（Risse, 2011）。舉例來說，世界銀行在20世紀後期發明一種度量，叫全球治理指標（Worldwide Governance Indicators），評比約兩百個國家的治理品質（quality of governance）等級；其所根據的調查，是關於一些制度和措施之有無和效能，而這些制度及措施對西方民主而言都是很基本的──表達意見與課責（voice and accountability）、政府穩定度與無暴力（political stability and lack of violence）、政府效能（government effectiveness）、經濟調控之品質（regulatory quality）、法治（rule of law）以及貪腐控制（control of corruption）等。這些標準又被用來選定哪些國家接受經濟發展援助金（economic development aid）的預期效果最好。根據這種方法學（methodologies），中國既不是成功的國家，大概也無法有效運用發展援助金。根據這六種標準，在1996至2004年間用以生成治理指標的調查中，中國每年的民意與課責落於最底的10%，政治穩定度徘徊在約30%，政府效能則在50%至65%之間，管制品質是35%至50%，

法治在40%左右，廉潔度則在35%至50%之間（World Bank, 2015）。
然而我們知道，就實證經驗來說，20世紀後期的中國創造了世界歷史
上人口最大、為期最久的穩定經濟成長，而且中國國家持續演進的經
濟政策對全國經濟轉型是至關緊要的。中國近期的政治與經濟歷史顯
示，若根據它與西方有何異同來解釋它的演變，並不足以理解它在當
代的活動與變遷型態（contemporary dynamics）。

　　為了更有效地解釋當代中國的一些特徵，並認清如此解釋會提
供我們機會去修正對全球狀況的較為通則性的認識，我將提供一些策
略來補足並修正我們理解當代中國的方法，而這些策略是以檢視中國
歷史為基礎。藉著修正我們思考世界各地複雜且多元之政治、經濟、
文化狀況的方法，我想建議：我們處理社會理論大傳統時，應能夠不
僅止於指出其限制與失敗。為此，我探討中國歷史及其對於解釋晚近
中國狀況之意義時，會選出幾種主要的文化、政治和經濟現象，並藉
這些現象如何隨著時代變遷的方式，來與我們認為歐洲歷史上相關現
象變遷的方式進行對話。我想要直接探討歐洲歷史上的一些作法，這
些作法後來所定義的規範標準（norms），被馬克思（Karl Marx）、韋伯
（Max Weber）及涂爾幹（Émile Durkheim）在他們的著作中用來理解近
現代西方（乃至西方以外）的狀況；許多研究途徑均暗示或明示地依循
這套方法，縱使也有批評指出它們的許多缺點，但這些批評鮮少提出
扎實的替代方案。與其因為這些大理論顯然難以好好解釋歐洲以外的
世界或這些理論問世以降的時代就加以摒棄，我們不如接納從歐洲歷
史經驗中所得到的理解，並藉著發現其他地方經歷相似及相異之途徑
所演變出的作法，來擴增這些理解。

　　關於第二至四章所各別處理的主題，專家們對中國的經驗都所
知甚多，但在更為一般的、關於歷史過往（historical past）及這些歷史

對今日之相關性（relevance）的討論中，這些主題卻只占很少的篇幅。
第二章處理過去千年之間中國國家與宗教關係的幾個面向。已被證
明的是，要解釋21世紀的政教關係（relationships between politics and
religion），就像要分析政治與經濟關係一樣麻煩。自1979年伊朗革命
以來，部分伊斯蘭宗教領袖及受宗教激發的政治運動人士所採取之
強烈政治立場，讓越來越多學者與政府官員都深思不已。20世紀後
期，美國在他國的外交與軍事設施所受之炸彈攻擊，讓一些美國人更
加意識到伊斯蘭信仰啟發的政治極端分子，而2001年9月11日發生
的恐怖攻擊則使全美國強烈意識到自身前所未見的脆弱。在這些悲劇
事件之前，美國的基督教基本教義派人士（Christian fundamentalists）
之政治聲浪亦已增強，比如提出政治訴求以限制女性生產權利。伊
斯蘭和基督教的政治訴求斷言（assertions），動搖了西方社會對世俗國
家（secular states）的期待──亦即認為宗教信仰這個議題應屬個人選
擇。視近現代國家為世俗化國家，並視組織化宗教為市民社會（civil
society）的特徵之一，這種認知便是來自歐洲歷史經驗。「世俗國家治
理著社會、社會中個人自選宗教信仰」此一規範性的期待，是萌生於
特定的歷史環境。然而西方以外地區的政教關係與歐洲並不相符。伊
斯蘭的作法所受之注意已然不少；而我們藉著看看世界其他地區的政
教關係，當能對歐洲產生不同的觀點。第二章所舉中國的例子便顯
示，不同於歐洲的政教關係不表示與伊斯蘭國家（Islamic countries）的
政教關係相似。思考中國在宗教和政治方面與歐洲之歷史差異，能夠
讓我們在了解它們未來可能的關係時更加開闊。中國的經驗有助於展
現：政教關係自始至今皆是何等多元，而部分原因至少是因為它們
今日所認知的、所嚮往的一套套可能性，都被它們的歷史打造得獨具
一格。

宗教信仰與實踐之建構（construction）至今在世界各地仍維持多元，並不令人意外。查卡拉巴提（Dipesh Chakrabarty）在2000年的著作《將歐洲偏限化》（*Provincializing Europe*）中便論及：更為廣泛的文化差異之持續存在，此事實已成為文化史家一大利器，用以批評套在非西方地區上頭的歐洲中心觀點。在查氏筆下的海德格式生活世界（life world）裡，一九三〇年代孟加拉知識分子即使陷入全球資本主義的無情擴張，文化上仍與歐洲思想家有所區別。查氏所寫的歐洲特別是就精神上（spiritual）而言，但在全球運作的馬克思式經濟力量，也同樣驅使著印度社會的物質上的變動（material movements）。《將歐洲偏限化》認為，正是進入印度並使其經濟活動轉型的這些力量，造成印度經濟步上這種特定的變遷路線。類似的說法也曾見於中國經濟史研究，但本書第四章將申論：若不探討影響中國物質轉型的國內因素，將甚難理解20世紀的中國經濟變遷。感知差異（difference in sensibilities）並非知識分子的文化，但卻影響著面對物質世界的取徑，而且對所發生的經濟變遷具有關鍵影響力。

　　在思考這些經濟議題之前，第三章將從第二章的焦點（政治和宗教）移開，思考中國歷史上政治與經濟的關鍵關係。當非專家評估中國的財政（fiscal）或公共財政（public finance）歷史時，往往就是根據它與歐洲的措施之差異而論。但光是說中國的措施非此非彼，並不是探索中國財政措施（fiscal practices）歷時演變的最佳方法。思考近代早期中國官員處理財政議題的方法，有助於我們了解後來中國政權（political regimes）面對這些議題的方式。中國的財政作為之變遷，部分是基於先前的措施，一如普遍認為歐洲財政演變也是隨著經濟狀況改變而來。既然中國國家到20世紀已有超過兩千年處理財政議題的經驗，如果它的手段無論隱約或刻意都沒受到過往措施的影響，那

才真讓人驚訝。此即一種新的思考途徑，不以是否符合歐洲發展之作法為標準來觀察中國在19和20世紀的財政措施（He, 2009; O'Brien, 2012）。另一組相關的預設，是關於國家並未提供近現代經濟成長所需的支持，以及西方措施對於經濟成長得以成真的重要性。即使對中國工業化的觀察發生過變化，上述的假設仍見於這些觀察：費維愷（Albert Feuerwerker）於1958年出版之《中國早期工業化》（*China's Early Industrialization*）對中國工業化持負面評價，乃至馬德斌（Debin Ma）於2004年一篇中國經濟史的回顧文章中強調「歷史不連續性」（historical discontinuities）是何等重要，因為它們「以各種方式讓東亞借用並適應正式的制度（formal institutions）──從國家建構到貨幣體制（monetary regimes）──而這些制度是藉自其他地方，特別是來自19世紀中葉以來的西方」（Feuerwerker, 1958; Ma, 2004）。

　　19和20世紀經濟發展的一個重要動力便是工業化。工業化始於18世紀後期的西歐，並於19世紀之間遍及全歐及美國。世界其他地區（尤其是亞洲，其中又特別是東亞）在第二次世界大戰後則呈現一片工業化成功的氣象。社會科學家（尤其經濟學家）向來致力於解釋經濟的成敗。傾向肯定成功的論證，大多源自「西方制度措施為何有效」的相關認知以及「若要達成旗鼓相當的經濟變遷，上述措施不可或缺」這種說法。看看中國在漫長20世紀（long twentieth century，自一八七〇年代至21世紀初）的工業化經驗便能發現，若要理解中國的經濟是如何轉型，雖然是有必要了解西方經濟發展的制度和途徑，但這不見得充分。只強調西方措施卻不同時分析它們與本國措施是如何結合的話，如此所見之歷史變遷面貌必是片面且扭曲的。當我們將中國連同其他成功的經濟變遷事例（包括歐洲）一同考慮時，將能提出一些更為一般的原則，同時涵蓋中國與其他地方的異與同。

　　若在理解中國政治、文化與經濟等面向之變遷時，在方法上能夠兼顧這些變遷本身以及它們與其他歷史變遷之比較，就會讓我們意識到：識見寬廣的歷史觀點如何有助於我們從一些角度關注到多元差異，而這些多元差異所標示出的，從其他角度來看則是一般共享的歷史變遷經驗。這般運作顯示出實際的方法，可以超越20世紀後期崛起之區域研究的限制，並認清我們在運用社會理論來理解複雜而多元的世界時受到何等箝制，因為各種命題和預測所源自的認知都和西方的經驗相當緊密，但與世界其他地方發生的事情卻頗有距離。了解中國如何變得近現代，而它的近現代又變成什麼，有助於一項更大的計畫：用貫通多元地區以形成今日複雜世界的全球連結，取代侷限化的歐洲。

　　嚴肅看待歷史，並審慎勾勒出曾經的過往是如何影響後續發展之可能性，便可確認中國在近現代時期以前的歷史對它在19至20世紀的變遷有何影響，甚至直到21世紀可能仍發揮作用。當然，這樣的說法並不表示，歷來一些關鍵轉型——我們認為這些轉型和中國與西方和其他國家之政治與財富模型建立起新型態政治與經濟關係之後，對中國在19世紀之變遷構成各式挑戰和可能性有關——對於我們了解中國、更廣泛的亞洲地區甚至全球近現代世界，就沒有根本的重要性。我希望在願意考慮上述可能性的讀者眼中，我所提出並試圖在第二至四章中證明的主張是合理的——亦即，我們所見這個擁有悠久官僚式國家統治及商貿交易歷史的政治和經濟體，它在近現代時期歷經的變遷，所牽涉的遠遠不只是傳統的、本地的政策和措施被新穎的、外來的政策和措施所取代而已。政治和經濟變遷都深植於社會和文化脈絡中，這些脈絡則是在歷史中所建構的，而我們最好把變遷視為原本的「舊」轉化成了後來的「新」而不是被完全取代，因為「新」則幾乎

總是由本地元素以及（19至20世紀越來越多的）外來元素所組合成的。

在第五章，我探討如何將中國史整合進全球史，藉此探究將非西方的歷史整合進全球史時所面臨的挑戰。之前幾章所舉中國和歐洲11世紀以來的政教關係、16世紀以來的財政政策以及19世紀開始的工業化等等例子，都可被視為將中國史整合進全球史的具體課題。我藉著強調中國和歐洲的各式差異來指出，以往被認為別無他途的單一歷史發展途徑，實則是複數的條條大路。這些差異固然並不意味著它們毫無任何形式的趨同傾向，但差異能夠讓我們克制自己的期待，不要以為趨同就代表一個同質化的共同未來，例如福山（Francis Fukuyama）用「歷史的終結」此一想法就是那般預測的（Fukuyama, 1992）。另一類似的挑戰是從「善治」（good governance）的概念而來，它在西方對於政治和經濟的討論中已經成為非常重要的詞彙，而現在中國也有相關的討論，與西方的討論則各有異同。我在第五章中指出，當代中國之善治的意涵並未包括強調程序之開放透明——西方則認為這是善治的標記——但同時更強調實質性的標準，例如高速的經濟成長。如此強調經濟成長，在一定意義上可以視為中國古典文獻中對人民物質福祉之關注在當代的翻版，就像過去的帝制時期也透過各種政策和制度來從事農業生產、商貿流通並維持糧食供給。指出中國在某些方面自有一套關於善治的規範且與西方不同，當然並不表示中國或西方的實際作為一直都符合各式規範。指出中西的差異，是表示在它們各自對治理這回事的理解之中，所重視的價值只有部分相同，而其中的差異也相當重要。想要將中國史整合進入更為全球視野的歷史之中的中國史學者，普遍面對的挑戰就是辨識出中國與西方歷史的各種異同，以撰寫更為周全的歷史，能夠同時掌握當代世界與多元歷史之間的諸多複雜性及關聯性。

　　我們還有另一個方法來面對近現代時期歷史變遷為我們帶來的思考挑戰，辨識各種本地與外來元素的複雜組合——當代世界各種多變又彼此關聯的組成部件，就是由這些複雜組合所形成的。在一篇討論歷史研究中之「因果關係」的文章裡，我用音樂和烹飪等主題來思考歷史變遷（Wong, 2011）。以烹飪為例，所有源遠流長的菜餚都可能吸收外來影響而變得更豐富，甚至在有些案例中完全轉變了一道菜未來所能產生的烹飪可能性。然而即便如此，這些變化通常並不會使這些菜餚變得面目全非，以至於我們認為它們喪失了自己的身分而不再是屬於特定某個地方或地區的菜餚。我們可以說，光譜上一端的菜餚是「傳統道地」，另一端則是（或被認為是）「合璧創意」。日本壽司名廚松久信幸（Nobuyuki Matsuhisa，暱稱Nobu）率先將壽司推廣到美國西岸，美國人勉為其難承認其「合璧」風格，但堅稱他的根基是日式烹飪，乃有「合璧佳餚，不宜混淆」（fusion yes, confusion no）的說法。另一方面，有些外來菜餚接觸本地烹飪之後，則大大轉型而成了合璧創意，這種創意又可能傳播到第三地，例如紐約市的古巴式中國料理。我們這個當代世界中，也有餐廳提供烹飪靈感來自世界各地的料理，讓我們能品嚐全球式的創意、不再根植於特定地方。不過，我們大多時候仍會認出，世界不同地區的主要料理和合璧創意之中，各有重要的變異但也有持恆且一致的元素，使得它們仍然各具特色。無論它們原有的烹飪國界是何等模糊不清也無關宏旨，因為在這全球交流的時代，它們面對著更多潛在影響、邊界更為開放。形式更新且更全球化的菜餚，在出自各地廚師手裡皆各有特色，而這並不表示絕大多數食物就無法被輕易認出它們是屬於何種特地的料理。我認為我們今日世界的政治和經濟也可能是如此，這是多元歷史至今造成的結果。面對21世紀以前，尤其就本書所探討過去一千年間中國和歐洲歷史上主要

政治與經濟變遷主題而言，我們手邊仍有龐大的工作要做，考掘歷史上存在何種作法和措施，並釐清它們如何構成了其後的各種可能性。

　　第五章也導入了一個當代話題，亦即中國的「一帶一路」倡議，並在第六章中更深入地討論。前一部分的討論是關於中國在世界不同地區經濟和政治影響力急劇提升，並談及中國官方所宣稱的未來願景及他們據以行動的原則：企圖創造更多經濟發展並尊重他國的內政。關於中國在全球經濟中持續成長的影響力會否改變現行的作法和措施，以及中國更為廣布的地緣政治足跡會否改造整個國際關係的構造，有兩個歷史觀點看似與此相關。第一，從全球經濟史的觀點，中國就像其他主要工業經濟體曾經的作為一樣，都企圖掌握海外的資源。由此而合理推想，各地各國經濟體也可能面臨類似當初其他經濟強國如美國或日本在拓展全球經濟版圖時所帶來的衝擊和相關議題。第二是經濟與政治的連結，因為這類舉動不可能僅僅是經濟活動，比如一九三〇年代德國和日本在大蕭條後的經濟復甦就是很明顯的例子，新興的工業支持著軍國野心而在歐洲及東亞擴張其權力版圖。20世紀列強的地緣政治和經濟擴張都緊密相連，這現象至少比19世紀工業化更早百年就已經存在了，那時英國取得了歐洲商業資本主義（commercial capitalism）中的領導地位，深入亞洲的茶葉、織品及陶瓷市場，並從英屬北美殖民地獲取其他商品。

　　不過，中國在全球經濟中擴大影響力，至少在幾個方面與過去其他崛起的經濟強權有所不同。第一，中國在全球變得如此舉足輕重，但國民人均收入在世界上卻非名列前茅，這是史上首見。中國的龐大人口使它的經濟具有全球水平，但人民並不享有足夠的收入來過著世界最高的生活水平。只要國內經濟福祉仍是優先考量，中國設想之經濟和政治全球地位所反映的斟酌算計，就會不同於過往的全球強權。

第二，中國的經濟體大體上雖是全球資本經濟秩序的一部分，但它自身仍維持很明顯的社會主義式經濟，尤其若干主要企業都是國有的。是以問題的關鍵在於，國有企業的特質和運作方式是如何發生改變，而它們的足跡遍及全球、與普遍接受的私有財產型態相悖——西方政治暨經濟強權向來認為後者是明顯且必要的標準規範——這又會如何影響未來在思考「全球經濟應該如何組織」此一問題時，財產權會被賦予什麼地位。我們如何理解私有公司在20世紀全球資本主義環境下所行使的政治影響力，在一定程度上也會影響我們對上述問題的評估。歷史上自是存在鮮明的案例，顯示高度資本主義式的公司如何享有極大的政治影響力，藉此使它們得以在國際上取得經濟成就，有時甚至會透過同國公民所未發現的方式，牽動它們的政府的地緣政治立場。例如美國公司貝泰（Bechtel）就符合上述形象，在20世紀間藉著大型基礎建設工程（包括胡佛水壩）以及在中東開採自然資源（尤其石油）而大發利市（Denton, 2016）；與今日中國國營企業相同，它們都因在市場經濟中享有不公平的優勢而聞名。更一般而言，近現代對公有（公共或國家所有）和私有（個人或組織性法人團體所有）兩種財產權的簡單劃分，在我們當代世界中的全球環境問題面前，已經顯得不夠完備了。現在，自然資源財產權的擁有者包括了像社群或聯合團體等組織，跨越公私兩端；至於自然資源財產權在國際上要如何界定，則是由主權國家和國際非政府組織來協商。要更充分了解中國的「一帶一路」倡議，必須比較在稍早的歷史上，重要經濟體跨足海外時有何具體措施，以及在中國對全球經濟產生影響之前，各式經濟和政治決策自古迄今又是如何交融混合而造就了財富與權力。

　　在第六章中，「一帶一路」倡議乃與全球環境議題連結討論。一如「一帶一路」，環境變遷也和經濟及政治變遷緊密相連。我透過歷史眼

光探討此二主題是希望能直接討論，我們對歷史上過去作法的了解，能夠如何有助於當代人們及政治與經濟領袖們對未來的抉擇。該章並也因此衡量了人的能動性（agency），尤其著重與能動性相關的一些特定要素，這些要素影響著環境變遷和「一帶一路」倡議會如何帶動世界不同地區人民共享的全球未來。此外，這在廣泛的意義上，也與我們對歷史變遷的理解大有關係。任何時空下的文化、經濟、政治及社會變遷，實則都是歷史上的行動者在追求他們希冀的各種可能性時所共同產生的，而他們的追求都是基於他們所能夠想像和落實的內容而來。尤其自19世紀晚期以來的中國政治及經濟領導人，他們一方面援用了自身過往經驗，另方面也由於與帝國之外世界上其他觀念、制度、人群及地方持續拓展的各種關係，而獲知了各種新的替代方案。學術界過去特別重視這些歷史上的行動者從中國以外其他地方學到什麼，但卻多半未能識別出，他們自海外所學到的，其實可以藉著調整過去的政策措施而整合進入新的組織型態中，補足為了達到某些目標所需要的知識，而這些目標其實早就存在了──我在第四章中就以農會為例來說明這類現象。雖然農會的目標確實是傳播一個世紀以前不可得的各式知識，但它們直接的經濟目標和更廣泛的社會目標，以及其享有官方資助和菁英支持等等組織性地位，全都指出這是從更早的制度所改造而來，以此運用新的可能性來達成歷久長存的目標。本書限於篇幅而無法呈現一全面綜合的詮釋，分析中國在20世紀歷經的幾套重大歷史變遷，詳盡解釋例如晚清新政等重大工程在農會組織等具體事例上，是如何處於幾套更大的政治變遷和經濟決策之中。我的用意是想指出，我們有何種機會可以觀察歷史中的行動者如何有意識或無意識結合多方來源的各種觀念和靈感、構想出他們政治與經濟行動的藍圖，並藉此反思，這些歷史變遷的時刻具有何種特質。

　　人的能動性此一主題，在本書中還另有兩個作用。其一，它讓我在分析中國與歐洲政教關係、財政措施發展以及歐洲內部及中歐之間工業化過程的差異等等主題時，可以將「微觀」的個人或群體層次之觀察，與「鉅觀」的關於意識形態或制度連結起來。人——尤其政治與經濟領袖們——所做的選擇往往讓意識形態和制度付諸行動。他們運用意識形態和制度的方式，也可能影響其他人之後如何思考何謂可欲的意識形態及合適的制度。有些影響在後續的選擇中也可能反映出先前的決定所造成的意外後果。這些後續決策便形成了一些行為上的型態或規律性，而當結果讓人覺得甚為理想，使人民及領袖們警覺到某些困難而認為他們的處境條件必須改變時，那些型態和規律性便確立了意識形態的說服力及制度的效力。19世紀晚期的中國就是面臨這樣的處境：眼看著其他國家的財富與權力，而認為自身遭遇的威脅是自己的弱點所造成的。

　　其二，討論人的能動性則關乎你我，既關係到我們在本書討論的具體主題上會如何做出抉擇，也關係到我們能如何更廣泛地拓展並增進我們對未來將要面對的各種挑戰之理解。眼下，我們大多數人都至少受到一些社會理論的主張所影響，這些主張界定了一些規範，限定了我們如何思考近現代社會之應然模樣。我認為，我們覺得近現代社會中什麼是可欲的，以及我們覺得能夠如何在全球創造這些可欲的結果，這些想法是來自多種社會理論所指引，而這些理論大多是基於歐洲歷史經驗之結晶（尤其是創造近現代民族國家及近現代資本主義經濟的歷史經驗）。本書第二至五章則指出，中國發展到20世紀的經濟與政治途徑，只在某些方面與歐洲的多元途徑相似。若要看出中國未來可能如何改變，以及何種改變才更為可欲，中歐之間的差異跟相似都一樣重要。面對這般已經取得全球重要經濟與政治地位的國家

（在東亞地區的角色甚至更加重大），若要探究它可能和可欲的發展途徑，我們實在可以甚至是應該要反省，我們到底預設了何種社會才算是更好、更公平、更繁榮。

我相信，社會科學具有特別關鍵的角色，足以讓我們釐清在全球、在世界各地區、在特定國家尤其中國這樣的大國家中所發現的各種可能性。最終第七章裡，我舉例討論在中國與歐洲的議題上，社會科學式史學（social science history）如何修正馬克思或韋伯之追隨者抱持的期待。當然，並非所有史學工作都是社會科學式史學，因為並非所有研究課題都同樣能夠應用社會科學向來要求的解釋方法。本書便是從最不易到較容易運用社會科學式史學方法的主題，安排第二至四章的順序。我在第七章中論道，社會科學式史學有助於修正並創造更好的社會理論，因為它能在與當今根據歐洲歷史經驗的社會理論相稱的尺度上，對歷史經驗做出更具系統性的評估。然而，這並不表示我認為唯有運用這類方法才能反省我們所使用的社會理論。第二章探討政教關係，涉及我們比較熟悉且頗為重要的社會理論缺陷，例如基於馬克思而期待宗教的衰微，或受韋伯啟發而期待政教之分離。自20世紀後期開始，伊斯蘭在民族國家和社會運動之中的存在（有些採取軍事或恐怖主義式暴力手段），以及基督教基本教義派觀點在美國政治中的音量日漸提升，這些具實證性的經驗現象都指出，19至20世紀初西方古典社會理論面臨著非常尷尬的課題，必須解釋政教關係可能和應該如何隨著時間改變。我之所以舉出中國為例，一則便是因為它顯示社會理論未能解釋中國過去千年間的政教關係何以如此發展；二則也與第七章的主題相關：中國促使我們重省並擴充我們的探究方法，要如何探討中國的政教關係在未來可能發生何種變化，而有志之士又有何可行的方式去達成他們認為正向的改變。我們可以藉著更全

面檢視過去曾經存在過的歷史，作為設想可欲之未來的想像靈感，而
拓展未來的可能空間。

　　我反覆強調社會理論中如何將歐洲歷史經驗抬升到具普遍標準的
地位，並被當作標準來衡量世界其他地區歷史變遷之本質，這般批評
可能被當作不過是又一個對歐洲中心論的批判罷了。我想強調我的出
發點是，全球史若能周全顧及比較與連結的研究方法，可以如何深刻
投入到社會理論的工作中。「社會理論」一詞既廣且寬，學界對此詞
的用法相當多元。我相信全球史能夠為社會理論之修正做出貢獻，平
衡其中過量的歐洲元素。我無意用中國來取代歐洲——這種形式的中
國中心論常被誤以為是歐洲中心論的解藥——而是希望見到一種社會
理論，能夠容納並解釋世界各個地區的歷史經驗。我在本書中便是一
面企圖辨識出歐洲的國家建構及經濟發展等型態對於近現代世界之形
成有何根本的重要性，同時並指出，了解世界其他地區和其中的國家
是如何取得它們在近現代世界中的地位，有助於我們更審慎思考我們
所處的當代世界將可能如何走出歐洲及美國在近現代時期的經濟與政
治權威——無論結果是好是壞。各種既多元又共享的複雜歷史，其傳
承的結果構成了我們所處的世界，至於它們未來又會再創造出何種成
果，則是我們責無旁貸的。

　　最後，對於那些好奇自己是否應該閱讀此書的讀者，我有些想法
可分享。若是來自史學或其他社會科學及人文學科背景的學者，我希
望您們之中有些人願意讀讀此書並討論其中指出的問題；我們無須完
全同意該如何設想我們面對的挑戰（自然也不必認同我的設想），也能
夠肯定找尋新的思考方式是既有其必要也相當可取。我自身從事史學
研究已數十年；希望我在本書中，算是對出身相同學術傳統的其他學
者，提出了務實可行的建議。同時我也希望，讀者們願意放開心胸，

看看一個史學家的觀點是如何看待一些議題，發現我們對當代世界的理解中，至少是間接受到過去作法和措施的影響。此外，由於我確實希望本書能普及到各方專業學者以及非學界的讀者手中（儘管這恐怕只是癡人說夢吧），是以並未對本書所談的主題進行全面的學術文獻回顧，而只討論與我的論證與觀察直接相關的著作。針對各方學界專家的學術書寫需要的是某一種文獻回顧，而對於更普遍想要了解歷史對當代世界有何意義的讀者所進行的學術書寫則需要另外一種。我希望此書能同時吸引這兩類讀者。我身為一個出生與成長在美國並曾在東亞及西歐多所大學任教及研究的史學家，有個現象經常讓我感到驚奇，那就是在美國以外的地方，一個史學家是多麼容易與非歷史學者和其他人討論歷史話題。在我撰寫此書之初，便是想著那些或許比美國國內更願意想想本書所傳達之訊息的讀者們。歷史學曾經在社會科學和人文學科中占有更重要的知性地位；相對於此，今日世界各地卻對歷史抱持更多懷疑眼光。查其背後原因，有時或是政治正統的問題所導致，但更普遍而言，我擔心那是因為歷史眼光貌似未能有效讓人們感到有助於具體且務實地思考當代所面對的挑戰。或許我也未能成功說服所有讀者，但倘若有讀者繼續讀了後頭六個章節，我希望其中至少有些人會認為，我最起碼已經合理指出，歷史對於我們的前瞻思考是能夠發揮更大作用的。但是，無論有無被我說服，所有讀者都背負著責任，必須為自身行動做出選擇，而我們所有人都應該明白，我們今日的抉擇都會成為歷史的一部分，進而造就了明日的世界。

國家與宗教

一、當代國家與近現代對宗教與世俗之劃分

　　歐洲的政教分離已經在近代早期完成，並且，在近現代被提倡為一種國家塑造的全球性原則。政教分離，無論就其被視為西方經驗上的事實，或被視為世界上其他地區國家的規範性目標而言，在半個世紀以前，似乎都是穩確的。然而，我們今天在歐洲、美國及中東見到新的緊張與競爭帶來的挑戰，而這些緊張與競爭，是與宗教和世俗向國家宣稱它們所扮演的角色有關。更確切地說，在歐洲史中建立起來的宗教與世俗分離，不僅被用在歐洲，也被用在世界其他地區，成為衡量許多事物的框架，然而現在卻似乎相當脆弱、易於瓦解。這是為什麼？大多數回應若非因憂慮恐怖主義而聚焦於伊斯蘭，就是關注美國政壇上聲勢水漲船高的基督教基本教義派。但若不深究歐洲政教分離的初始原因，以及為何世界其他地區並未在意識形態或體制上仿效此種政教區隔，就想探討為何此種分離在當代無以為繼的話，便無法充分說明為何世俗與宗教之區隔並不適合用於理解政教仍然緊密相連的許多當代社會。

　　本章將會介紹當代中國對政教關係之處理有何深層的歷史緣由。此一工作固然並不直接處理伊斯蘭與恐怖主義或美國政壇中基督教基本教義派之諸多形貌，但卻可能提供一些嚴肅看待歷史的想法，當作切入主題的途徑。本章及本書後續各章均認為，嚴肅看待歷史，就包

括在面對歐洲或其他地方在社會、文化、政治、經濟上之作法的型態
（patterns）時，能審慎區分存在於它們之間的各種歷史維度，以及其
中各種異同之意義，進而了解未來在多大的範圍內可能發生變異。看
重不同地方的歷史，絕非要削弱另一同樣重要的需要，亦即留心不同
時空之中，各特定歷史時刻之間的接合是如何交織於更遠為廣大的連
結暨影響型態之中，而使這些時刻顯得比它們各自所在地之前或之後
的其他時刻更為突出。然而就我所見，歐洲以外世界上其他地區之歷
史並未受到應得的知性重視。不少歷史學家固早已將黑格爾（G. W. F.
Hegel）那種將歷史視同「對歐洲過去之了解」的思維拋諸腦後，但許多
其他研究近現代和當代主題的（非西方）人文學者與社會科學家仍甚少
注意乃至完全忽略歷史。他們要不是認為，自己所在地區的歷史不過
是積存著諸般困難、阻礙著在地行動者創造出近現代性——對他們而
言，近現代性是何等至關緊要且富有生機，就如同與歐洲近現代歷史
經驗緊密相連的那種近現代性一樣。否則，他們就會做出一些主張，
其中隱隱預設著，當世界不同地區人民在這全球時代調整和打造在地
的作法時，所援用的資源是有歷史前例可循的，但卻未能明確指出這
種歷史關聯究竟何在。

　　我提議檢視中國與歐洲在過去一千年裡，它們的宗教與政治權
威（authority）的關係中尚未被重視的對比。儘管以路徑依賴（path-
dependent）的方式理解歷史變遷，無法窮盡所有我們藉以理解今日
所見全球各種影響政教關係之當代狀況的方式（因為這些狀況之間有
許多共享的系統性要素），但我們仍傾向於忽視各種其他歷史的相關
性。在這些歷史中，社會與政治之中的宗教和世俗領域之間的區隔是
可協商的（有時，也是競爭的），而且，這些可協商的、競爭的區隔是
相當要緊的。若以當代熟悉的「世俗－宗教」區分來看待中國歷史中

的宗教與政治權威的關係，將無法獲致一貫的理解。各種有關宗教的
比較，典型地聚焦在各種信仰的實質內容，或是聚焦在各種儀式展演
上；而那些處理近代早期與近現代國家建構的比較研究，則將製造戰
爭（war making）、各式官僚體制、政治聲音和民眾共識的出現視作世
俗的計畫（project）。我提議思考宗教與國家建構的關係在中國與在歐
洲所存在的差異性，並將此二地區中宗教相對於政治的不同地位加以
脈絡化。

　　要考慮宗教和國家塑造間的關係，我會將我們的注意力從概念移
開，轉而投向使信仰得以傳布並且變得有組織性的各種機制上。我也
將考慮宗教建制得以調動的各種資源與權力，並且思考這些宗教建制
所宣稱的權威，是如何與政治權威的宣稱互補、共存與競爭。儘管在
將近現代史回溯至近代早期的解釋中，「世俗－宗教」的區分在近現代
各種感知（sensibilities）裡被奉為圭臬，但這種對歐洲史的理解缺乏歐
洲史的中世紀基礎，也同時忽略了世界上其他區域的歷史。

二、諸多宗教與政治權威的傳播

　　兼具行動力與組織性的宗教，早在11世紀前就已存在於中國與
歐洲。但我希望將這篇文章的起點放在11世紀。因為在11世紀的歐
洲和中國，各有兩個不相關的進程被妥適地建立起來，而這定義了它
們在宗教與國家轉型的關係中的關鍵特質。在歐洲，教皇制出現了，
它是為教會在歐洲不同地區種種行動負責的、具有垂直科層結構的官
僚組織。天主教會穿透各個地方社會的能力，建造一種既是宗教儀式
的實體中心，也是與社會群體在精神上有著緊密關係的展演中心，比
起大多數世俗政權的任何行動都觸及更多的人，也更為直接。教會定
義之正統攻擊在歐洲的異端，也動員十字軍、發動軍事行動從穆斯林

控制下拯救聖地並維持著基督徒的朝聖之路。簡單來說，天主教會在
歐洲之中及之外的計畫，是在它們能進行直接文化控制的範圍以外，
提倡一種關於地方社會和歐洲利益的特殊觀點。

　　在中國，雖然各種廟宇和廟宇之間彼此有些聯繫，並且也會從
遠處吸引朝聖者前來，但相對於天主教會的結構，其宗教建制仍相當
不同，不僅有更大的變異性，而且更強烈地座落於當地的環境中。儘
管和尚和尼姑跟道士彼此有所區別，但民間宗教的實踐卻同時包含兩
者，有時，各個宗教裡的神靈甚至會共享同一個廟宇空間。中國社會
為神靈所浸染，而這些神靈是鑲嵌於各種宗教信仰所構成的地景及複
合體中，而且這些信仰本身就是透過混合了在地以及更廣大範圍中
流傳的敘事因子而產生的。這種水平的連結創造了更大的文化共享空
間，不像歐洲典型的宗教權威是單一的，而且後者的組織方式是平行
於、補充於、重疊於被世俗政權所控制的各個空間。相反地，以官僚
體制所建立起的中國國家，發展出一套禮儀實踐的新儒家模式，並且
藉由認可某些神祇的方式，定義了因地域而有差異的各種宗教活動的
共同核心。

　　在中國與歐洲的中世紀時，宗教權威的傳播開始呈現出彼此有別
的形式。11世紀，中國國家對於地方社會秩序的計畫，包含了要去
影響地方宗教活動的策略。在歐洲，教皇制則正在鞏固它的世俗權力
以及宗教威權，包括在定義各地方社會裡宗教正統時所扮演的角色；
它的經濟權力，則藉由繼承權法規來展示（據此，任何沒有直接繼承
人的財產都歸教會所有）；同時，教皇制也透過在歐洲內外的外交任
務來展現其政治權力。雖然中國國家對於塑造地方宗教活動的計畫，
在某些標準上，比起天主教會所扮演的角色更為節制，但中國仍追求
它的宗教政策，其跨越空間之廣大與天主教會相當，遍及的人口甚

至比後者更多。而中國對於民間宗教的諸多政策，則是更為宏大之計畫——建立地方制度與基層支持——的一部分；這些政策是被一種特別的政治哲學與社會觀所推動的，它將歐洲社會中被區分為宗教與世俗的事務整合在一起。

三、（中國及）歐洲世俗權威與宗教權威之（無）區分

　　儒家的教養原則（教導與扶養），被認為跟父母扶養孩子相關，同時也被認為跟政府管理它的人民有關——政府推導人民有合宜的行為，並配合著推行、提升農業以及手工業生產政策，至8世紀時就包括推行倉儲及糧食的商業循環以避免物資危機等等，由此推進人民物質福利。關於官方在形塑民間宗教作為時內涵的教導性目的，人類學家華琛（James Watson）有一深具影響的說法，主張中國國家關注的是正當的禮儀實踐（orthopraxy），而不是正統的信仰（orthodox）。華琛看出，官員們固然甚難探測人民**相信**[3]什麼，但確實能夠監視他們的行為（Watson, 1985）。對信仰和行為的這般區分亦見於當今許多社會科學研究之中，但與華琛談論10世紀後之中國有所不同的是，許多社會科學家是從行為中推斷出信仰，因為他們無法輕易觀察信仰。10世紀以來的中國領導人希望看見的是民眾履踐各種禮儀，像是以特定方式進行的婚禮與喪禮。這些特定的方式肯認了社會關係的等級制，同時也肯定了虔誠的象徵性表現。

　　重要的是，就華琛的論點來說，這些儀式的展演並不直接透過言辭表達來證明對於宗教信仰有特別的認同或肯定。官方所要達成的目標是行為上的一致性，而不是普遍的信仰。這與後來的歐洲宗教裁判

3　　譯註：強調處為作者所加。

所（Inquisition），或更晚近中國共產黨讓被視為黨國敵人的個人「自我
批鬥」的作法，都大不相同。天主教主持宗教裁判所，以及共產黨試
圖讓信念和行為不見容於社會主義社會的人自認罪咎，將此二者如此
類比或許顯得突兀，但卻讓我們意識到，12世紀前的中國國家可能無
意如規模龐大、組織良好的天主教官僚體制那般，於對抗異端的行動
中探知人們的信仰，而共產黨政治運動確是以此為目標。中世紀晚期
和近代早期的中國官員注重實踐，而天主教神職人員深究人們真實信
仰，二者有所不同；和政治權威合作之強大歐洲宗教機構，與更為晚
近自行界定道德和政治正確行為的中國國家，在意向上則有所相似。
這些異同乃指出，長久以來在中國和歐洲的政治與宗教關係已然大不
相同。

　　談回華琛所提出的中國國家介入地方社會藉以影響宗教行為的這
個主張，其他學者繼而質問國家究竟有多大能耐介入地方社會，將宗
教展演形塑為某種正當的禮儀實踐。在一本期刊專輯中，歷史學者蘇
堂棣（Donald Sutton）發表了一系列的研究，這些研究一齊呈現出對於
各種情境（scenarios）的共同描繪：國家管理地方宗教表現的能力，其
實無法給予地方宗教堅確的正當禮儀實踐的印記（Sutton, 2007）。

　　從考慮歐洲世俗權威與宗教權威之間的關係這一角度來看，國家
維持正當禮儀實踐的能力是強或弱並非關鍵。真正的關鍵是理解到，
在中國，缺乏由上至下強加的對於世俗權威和宗教權威的明確區分。
在歐洲，宗教與世俗權威在制度上有了清楚區別的位所，此事出現於
中世紀。而這正是中國的國家拓展它主張有權管理跨越整個帝國的、
地方社會的宗教與世俗事務的時期。中國國家所能控制物質或者精神
事務的程度，毫無疑問地隨著時間與空間變化，而且其幅員與歐洲不
相上下，後者則受到族繁而多元的政體割裂統治，既不穩固且偶爾劃

分不清。但與歐洲政體不同的是，中國人創造了一種動員官方之力來介入地方處境的制度化期望，無論是就物質上或精神上的理由。此種努力即使沒有被完全傳頌成一個原則，也都成為中國統治技術在實踐上所預設的立場。

因為中國沒有宗教與世俗的分離，使得宗教專家勞格文（John Lagerwey）聲稱中國是一個「宗教國家」（religious state）——勞氏研究道教經典文本並且在中國進行田野工作，這提供他深層而寬廣的基礎以對信仰與實踐做出學術詮釋（Lagerwey, 2010）。同時，當地方社會已經長期充斥著大量的神靈時——這些神靈是村莊生活中物質性的、社會性環境裡的成員——國家也聲稱它自己對地方社會的宗教生活擁有權威，就像它聲稱對於讓一般大眾有好的物質生活負有責任一樣。而從11世紀開始，國家的新儒家計畫運用以儒家實踐為基礎的儀式，並且伴隨著佛教、道教和薩滿儀式為其輔助角色（在帝國層次上，不具儒家象徵的國家禮儀依然持續著）。無論在物質或精神的領域，我們都不會看到官員總能成功避免饑荒，或者保證總能以任何清楚的正確信仰或正當的禮儀實踐的標準來申言宗教信仰或展演儀式。然而，如果認為國家的努力無法影響一般人民之精神和物質福祉的話，那也同樣是錯誤的。

在中國，無論地方或國家層次都缺乏宗教與世俗的區分，便意味著在國家層級被視作可嚮往的政策和活動，也以類似方式出現在地方。因此，中國的統治技術相對較少地將不同政府層級所追求的理念加以區分。這也就是我曾經稱為「分形」（fractal，或譯「碎形」）的治理議程（agenda），因為官員在每一個領土範圍的管理層次上，都有著類似的責任（Wong, 1997a: 121-22; 125-26）。舉例來說，為了因應饑荒的狀況，縣級的官員和那些更高層級的官員，在遇到饑荒廣泛擴散

時，都可能被期待著在公開的儀式中祈雨、使用國家經營的糧倉存糧去餵飽人民、藉由廢止通行稅來鼓勵商人輸入穀糧，並且規勸地方菁英以較低的價錢賣出穀糧，甚至送穀糧給他們貧困的鄰居。勞氏對於中國是一個宗教國家的建議，是一個具有思想顛覆性的提醒：他提醒我們，當我們可以輕易地將許多其他國家的行動設想為穩固的世俗方案時，宗教的事務仍在國家各種行動中廣泛地顯現。只有在強加區分宗教與世俗領域的情況下，才會造成此二領域有必要擴張其空間。然而，中國國家沒有如此的想望，因為它並不面對這樣的問題。各種宗教權威的權力與影響，在很大的程度上，並沒有與國家權威的權力與影響競爭。宗教的專業從事者雖然是附屬地被整合進中國的政治和社會秩序中，但相對於國家在各個地方社會的空間中只能進行有限度的例行干預，這些專業從事者則大多有著自主性的角色。

國家權力並不被限制於其正式的官僚職能上——無論在19世紀以前的世界史中這些職能有多不尋常或獨特。這些官僚職能是根據空間中的分工而組織起來的，同時也受制於成套的法規（統合成我們所謂的行政法）。官員們清楚地理解，在各級政府追求不同利益時，官員們面臨的委託人－代理人問題（principal-agent problem）（這些利益雖然彼此不同，卻穩確地定錨於共享的原則和治理策略上）。隨著官僚體制各種行動的增長，非法或貪腐行為的可能性也飛快成長；中國的歷史紀錄就富含著許多在其複雜的治理組織系統中發生錯誤的例子。同時，在18世紀以前，就當時的世界歷史標準來說，中國國家所能做到的事情是讓人印象深刻的。舉例來說，國家可以收集中國超過一千三百個縣每十天一計的糧價資訊，從這些資訊彙整出每個府、州中數種穀糧各別的高低價格，再由省級官員按月回報給中央。基於價格與收獲的狀況，預估及實際結果都以正常豐收的情況為準來算出該

年達到的百分比，而政府官員可以估算影響城居及鄉居平民的糧食供應狀況，且幾乎可掌握到全中國領域的地方層級。正式官僚體制的這類能力讓人印象深刻，其影響力則藉由爭取地方菁英自願的支持來加以擴大。這些地方菁英和地方官員有著要建立和維持地方制度的共同計畫，而透過這個計畫，希望將社會秩序維持下去。在食物供應的領域，這和菁英贊助的糧倉——在18世紀稱為社倉或義倉——有關，這些糧倉在秋收後收集糧食，再將它的存糧借給那些在貧瘠的春天裡有需要的人們。由於缺乏清楚的角色區分（像是在關於食物供應管理中的情況），地方官員和菁英共同扮演相似的角色，這便意味著，評估近代早期歐洲史和近現代史時相當普遍習見的國家與市民社會的區分，很難運用到中國上。缺乏國家與社會鮮明的二元區分，隨伴而來的是，宗教與世俗也無法清楚區分。這使國家更能在地方社會上有其分量。同時，當地方社會上的人們以諸多方式組織他們的許多行動時，有時會肯認官員的優先性，有時則十分游離於那些預期之外。當避免生計危機的努力可以良好運作時，前面的處境就會出現；當人們主動地去追求他們自身的宗教動力時，則後者的情況成為普遍。

國家正式官僚體制的能力也可能以另一種方式被擴增，也就是採取不尋常活動。儘管備戰會導致不尋常的活動且因此需要動員人力與物力，但在世界大部分的地方，民間項目很少會常態性地進行大規模動員。然而在中國，開墾、建造及維持水利工程、擴展倉儲等等，都是一再發生的活動。國家中最可見的也顯然是最強烈的各種行動，卻以如此特別的動員活動為中心，這都依賴正式官僚體制的能力。而號召勞力並且累積資源的能力也是透過官僚體制來受到管理，進而影響一般人民的物質與精神環境。孔飛力（Philip Kuhn）對於1768年巫術恐慌的描繪，就是一個清楚的例證：在國家實際行動上，它有能力去

收集非常精確的資訊，但同時，國家對於特定地方上實際發生了什麼事的認知，容易有著根本的誤解（Kuhn, 1990）。換個方式說，各種活動，既不會每次都成功，也不會每次都具有建設性，然而它們還是形成了一個國家介入社會的根本要件。而這些活動的成功取決於它們是否能汲取人力和金錢而不遭遇重大的對抗；這種對抗是奠基於許多異議的原則，以及群眾嘗試保護自己免於國家提出的要求。換言之，中國沒有出現如同近代早期歐洲鼓勵國家與社會分離並產生宗教與政治權威之區隔的制度和意識形態。

　　近現代所習慣的政教分離，典型地被看成近代早期歐洲政教分離的結果。在這種歐洲式的政教分離之後，出現了一個定義，也就是宗教信仰是個人事務，有時在相同信仰者的社群中追求，有時則在一個大多數人分享著特別的基督宗教歸屬的社會裡被追求。宗教建制與政治權威的協商關係也就從非常不同於中國中世紀的狀況中出現。在中世紀天主教教會，以及更為分立的、主張有權控管鄉村地方（以及情況較少見的，都市中心）的政治權威之間，劃分出了不同的權威類型。宗教改革重新劃分了界限，以此在歐洲以許多不同的方式界定了宗教與世俗的權威。宗教與世俗權威之間既補充又競爭的角色之結合隨之出現，透過這種結合，宗教在正統信仰事務上的權威就被肯認，然而宗教介入統治者生命的能力卻隨而衰微了。將宗教信仰與實踐，放進國家與社會區分之下的社會那一方，使得選擇基督教派這件事成為個人的事務和社群的選擇。而國家灌輸一套社會信仰的努力，則在稍晚的世紀中伴隨著對於民族主義的提倡出現。民族主義是一種政治的計畫──可以有宗教面向，但對國家來說首要的仍是要增加它的世俗權力和權威。

　　國家與社會在近現代的區分，加上宗教與世俗的區分，是在歐

洲史上以及白人開拓殖民史中被形塑成的，這些殖民地後來則成為獨立國家。這種特屬歐洲的經驗，及其直接的政治與社會產物，造就了一種遠為普遍的期待——認為須符合何種規範條件才算得上是近現代的社會與政治。一個近現代國家被期待是世俗國家，而宗教信仰則是個人選擇或社群活動。近代早期歐洲的政教分離，對於國家與宗教的領域之間該有何種關係，定義了許多規範性觀念；在這分離之前的時期，基督教對歐洲國家之發展有非常不同且重要的影響。同一個時期，中國國家則正在形塑新儒家式的統治議程，在這個議程裡，國家為它的官員們，設置了他們在一般民眾的宗教生活裡扮演的角色。伯爾曼（Harold Berman）在《法律與革命》（*Law and Revolution*）第一冊中，對天主教教會在11世紀正在經歷的教皇革命提出令人佩服的分析。當時，教會的權力與權威擴張，接管了許多我們後來以為是國家的特徵與樣貌，像是：透過教會的外交人員來進行對外關係，並且聲稱對一般人民的信仰握有權柄。

　　相當顯著的是，相對於中國國家介入地方社會（包含一般人民所追求的宗教活動）之能力的發展，中世紀後期的歐洲國家完全缺乏這般能力，而天主教會則自12世紀起推動裁判所來搜查非信徒，此一狀況直到19世紀初期仍在不同的天主教領地中不時湧現。中世紀後期至近代早期的歐洲國家不僅缺乏中國國家規範人民宗教儀式的意圖，它們本身的形成也相當仰賴於將自己的權威從天主教教會分離出來；它們對法律的初始理解亦借自教會，後來則成為歐洲國家的根本基礎。教會法（canon law）演變到中世紀時，變成其他種法律形塑過程中的模範，無論是在封建領土上、跨越諸多城市，或是在各個皇室的政權中。多種法律系統的形成過程，是和許多彼此有別但又時有重疊的管轄權（jurisdictions）連結在一起的（這些管轄權乃為某種法律系統

所涵蓋）。對伯爾曼來說，正是管轄權與法律系統的多重性使得法律的至高地位成為必要而且可能（Berman, 1983: 10）。由於有多元法律體系，因而須在多種權威之間以及活動之間做出區劃，這樣的區劃後來歷經了法律實踐活動的整合，而進入較為單一的國家體系中。歐洲國家建構的一個基本特質，就是將一大套各式各樣的法律系統合併成相對小的一群——通常每一個系統都只和單一統治者相關聯，但各系統之間又有一些共同的要素。由此過程乃有民族國家的形成，這些民族國家一起組成了歐洲國家間的國際體系，隨之而來的是在更晚近的時期中，擴張到世界其他區域的國家制度。伯爾曼的研究奠下富說服力的論證，指出近代早期歐洲國家建構中重要成分的中世紀暨宗教根源。無論是近代早期的政教分離，或是中世紀宗教法為後續歐洲法律之演變定義出實務與脈絡、構成近現代歐洲國家形成的這種角色，在中國歷史上皆無可比擬。我們的工作並非只是指出某些歐洲活動不見於中國歷史——這種歷史實踐已經夠常見了——而是要思考中國的活動如何界定宗教與政治的關係，且又是何等迥異於歐洲歷史上的政教關係。

　　就宗教與政治權威之間的關係而言，中世紀的中國與歐洲有著清楚區別的脈絡，這些脈絡與宗教和世俗的區分、國家與（市民）社會的區分在歐洲的具體化有關鍵性的關聯，也和中國沒有這種二元對立但各方面皆甚為活躍的情形密切相關。中國國家能夠將其意志貫徹到地方社會的宗教活動上至何種程度，無疑是相當有限，在某些狀況下甚至影響甚微。但國家想在定義合法的、適當的宗教儀式和展演的事情上扮演裁決者的意圖，是其作為管理地方社會活動宏大議程的一部分，也是國家與社會群體非競爭性關係的一個重要表示。在中國，沒有社會群體可以組構出足夠規模的意識形態和制度資源來對抗國家的

活動，或者界定異於官員所追求目標的其他令人嚮往的國家活動。相反地，歐洲式的國家與社會分離，以及在宗教與世俗之間的區分，在某些重要的意義上，藉著天主教會法傳統的權力與說服力，為其他法律系統的建造提供模範與靈感。

諷刺的是，近代早期歐洲政教分離，或許使得20世紀後期那些受信仰驅使的群體得以對國家該如何與社會中的宗教和世俗發生關聯提出要求，這是在當初政教分離的基督教脈絡中就已經相當清楚的。而宗教和世俗相對的區分，則已經被在歐美社會中可見的伊斯蘭教的現存實在（Islamic presence）所複雜化。伊斯蘭教與基督教這兩種宗教信仰同樣都有意識形態和制度的資源，來對國家做出主張，或對國家權力提出要求，但這種現象在中國是不存在的。在我們當代世界之中跨越多個區域的這項基本特徵，自始至今都和宗教在中國政治與社會中的位置呈現出清楚對比。

談到國家形成與轉型的過程，宗教的重要性在中國與歐洲十分不同，而這些不同讓我們意識到，在中國與歐洲，國家建構經驗也有著根本的差異。伍塞德（Alexander Woodside）在他引人深思的著作《遺失的諸多近現代性》（Lost Modernities）中指認出官僚體制和法律，在中國和歐洲國家形成的過程裡扮演著非常不同的角色；他的整個研究是關注中國、韓國與越南之漫長的官僚體制制度經驗，究竟對我們有何挑戰，以及對我們提供了什麼機會（Woodside, 2006）。他參考我於前文提及伯爾曼的專著《法律與革命》，為的是藉由教會法作為其他種法律的模範角色，來說明宗教和世俗國家之塑造中有緊密的關係。他因此在三個他所檢視的國家中將那種緊密關係之缺乏做了對比。然而我們可以為這個重要洞見加以補充：宗教和世俗國家分享一套共同的法律原則；而民間宗教和中國國家則同樣依賴官僚體制。因為正如武雅士

（Arthur Wolf）在數十年前曾討論的，至少有些神靈得集體向其他神祇報告，這是官僚體制階層化的一部分（Wolf, 1978）。經過一段時間之後，這些差異（將國家建構活動的重心放在法律或者放在官僚制度上）逐漸隱沒無聲了，因為中國人也發展了法律制度，歐洲人也發展了官僚制度，然而我們仍然可以相當好奇的是，法律和官僚制度在中國和在西方的政治角色及相對重要性存在持久的差異，這個對比會不會至少是形成於更久遠的、具有差異性的歷史之中。

在當代美國和歐洲社會中，那些宗教團體所擁有的意識形態上和制度上之自主資源，是市民社會的構成要素。這意味著它們可以表達對於社會活動的期待，這種社會活動要求政治權威為某種政策背書。中國在國家與社會、宗教與世俗之間，則缺乏在意識形態上具有說服力的制度化區分。當然，就實際的意義上來說，許多事務大多決定性地發生在國家領域，少部分則發生在社會領域，而宗教的活動就發生在社會領域中，這是相當清楚的。但是，當代中國已經確認一種權威，這種權威呼應著明清時代（late imperial）國家對於宗教活動的介入。除此之外，就如同明清時代一般，當代中國國家堅持宣稱它有介入社會活動的特權，這種宣稱是更普遍地依賴於在國家官員和社會菁英間有著共享感知的議程上。這種協定對於明清時代社會秩序的再生產是非常根本的，至今仍不減其重要性。但是處於日趨分歧狀態下的菁英，他們的熱情和對事物優先性的看法也日益分歧，再加上一般民眾——原只能接受國家界定的計畫為共同目標——的熱情與對事物優先性的看法也很分歧，使得要維持這種協定變得日益困難。當代中國更為普遍的管理危機來自於一個脆弱的特質，這個特質是在幾個世紀前就已經存在的一種有效率的、具有彈性的統治形式，而這種統治形式依賴「國家－社會」的連續體。在這個連續體中，缺乏任何自主性宗

教建制，使得它們無法宣稱具有社會權威，由此與政治權威互補，間或對它提出挑戰。在歐美社會，宗教建立信眾群體，這些群體的聲音可以對他們的政府有所要求，而他們偏好的社會實踐方式也可能對世俗國家造成困難和問題。

哈伯瑪斯（Jürgen Habermas）曾將某些在歐洲以及透過歐洲移住民與殖民而歷史地產生的白種人移住民社群中的現象說成是「後世俗」（post-secular）情境（Habermas, 2008）。如若要轉變到後世俗，得先存在著宗教與世俗的區分，但這種區分難以適用於中國，並且因著相當不同的理由，也無法適用於歷史上或當代世界其他區域的狀況。而當哈氏清楚指出他主要是在談歐洲時，其他人似乎相當輕易就將這「後世俗」情境看成是普遍存在的，而我們應明確不苟地正視世界其他地區：它們非常難被削足適履地說成是「後世俗」的，因為它們從來就不單純僅是「世俗」的。正視我們當代處境乃一多樣脈絡的光譜，而非簡化且單一地用某些基於歐洲的觀念來定義何謂近現代，這問題仍困擾著我們的社會理論精神並侷限著我們的能力，妨礙我們為今日所面對之問題及可能性達成更具全球廣度的經驗理解。除非我們發展我們的能力，從世界不同地區創造並整合出更具歷史根據的研究，以助於了解那些匯集成我們共享之今日的條條大路，否則我們仍舊將無能解釋今日世界，也無法試著影響未來。

本章以中國和歐洲歷史上所見之政教關係為主題，首要目標是將近代早期歐洲政教分離置於更早的歐洲歷史和後續的西方史脈絡之中。其次，是對中國歷史上的政教關係提出一種詮釋，能夠符合中國自古至今國家與社會之間多樣聯繫的更大圖景。此種歷史探索的目的，是想邀請傳統的社會理論參與這類挑戰——如何看待那些無法輕易嵌入近現代性敘事中重要主題（例如政教關係）的材料。唯有理解歐

洲以外其他地區的歷史變遷，我們才能擺脫當前的泥淖。如果我們所依賴的社會理論，其命題須依靠那些來自單一區域（以及其延伸）之歷史經驗所產生的普遍性說法，則我們在知性上仍然相當受限。所以若我們回到中世紀並且考慮過去千年的宗教和政治權威間的關係，我們可能就會更好地理解，從近代早期世界到近現代世界各自有別的歷史變遷軌跡，以及變化多端但又相互連結起來的各種困境，而這些困境是與今日世界各地的人們都會遭遇的宗教及政治權威有關。

　　假如我們以歐洲經驗為基礎，藉以理解近現代性並建立社會理論，就會對我們造成一些困難。其中一種，就是將近代早期歐洲政教分離設想成有效的度量標準，藉以理解世界其他地區的宗教與政治關係，或理解自20世紀後期至今世界上許多地方宗教強勢侵入政治的現象。相對於此，想想為近代早期歐洲以外之政治與文化進程建立可靠的普遍理論是何等困難，就足以提醒我們虛懷若谷。確實，歐洲歷史上有些被我們當作定義近現代性、衡量世界各地狀況的規範標準，並不全都如政教關係這般只適用於歐洲或白人移住民社會之後代。晚近的一部論文集便直接面對這些問題，檢視北大西洋以外的十一個國度，當地國家對宗教實踐（religious practices）的影響，並以此指出西方的經驗為何只是特定而非普遍常態（Künkler et al., 2018）。不同的歷史證明許多故事的不同部分，而這些故事值得我們在未來額外予以關注。就本書之目的而言，我在下一章將會討論我更加熟悉的議題，指出套用歐洲經驗所造成的一些難處，並藉此為財政措施中所展現的國家與經濟體之間關係提出更為通則性的模型。

第三章 ─────────────────────────────

財政關係

　　近代早期歐洲政治經濟體制，或近現代時期更普遍的政治經濟體制之一項核心特徵，就是財政措施分別與國家政治議程（state political agendas）和經濟變遷這兩方面之間的關聯性。整體而言，成功的近代早期歐洲國家打造軍隊並擴張經濟；它們建立官僚體制來組織軍事力量並提高必要稅收，以支應持續成長的戰爭製造能力。歐洲的統治者們及菁英們也透過許多特定的方式，規畫相關機構供菁英就徵稅等關鍵事務與王權協商。至19世紀後期，近現代西方國家在利用經濟來汲取資源的同時，也頒布政策來穩定國際貿易和促進國內經濟繁榮。一如歐洲政教關係的例子，近代早期歐洲財政措施究竟在多有效的程度上足以當作引導，用以解釋世界其他地區國家財政措施的差異，值得探究。有種誘人的念頭就是拿較為成功之歐洲國家的財政措施事例當作導引（類似於政教關係中的某些面向），藉以判定其他地方該怎麼做才好，並將歐洲的措施當作判定成敗異同的指標，用以解釋財政破敗的原因。

　　一批大多專精歐洲不同地區的經濟史家在幾年前出版一部財政國家（fiscal state）自近代早期至20世紀前期興起的全球史——《財政國家之興起：一部全球史1500-1914》（*The Rise of Fiscal States: A Global History 1500-1914*）（Yun-Casalilla and O'Brien, 2012）。該書一大主軸是根據始於近代早期歐洲史上的措施，定義出促進經濟成長和國家效

能的近現代財政政策之可取特質（desirable traits），而那些措施往往並無明確而直接的意圖想要刺激經濟變遷。《財政國家之興起》亦清楚指出，歐洲各國間也頗具差異，但英國足為標準個案──18世紀顯著的賦稅擴張和公債（public debt）發展不僅刺激國家成長，也為英國在19世紀的經濟成就和政治權力預做準備。《財政國家之興起》遺漏了美洲和非洲，不過我們能合理地期待，若要討論從近代早期歐洲，到政治與經濟俱獲成功的近現代歐洲，再到更普遍的成功世界，此一歷程中的邏輯是如何成立的，則美國和加拿大這兩個汲取歐洲理念和制度的白人移住民社會將是絕佳例證。同理，非洲與南美洲發展歐洲式的國家與經濟卻在19世紀中葉挫敗，亦可歸因於它們缺乏歐洲倡行的可取特質。19世紀後期部分南美國家施行財政改革藉以佐助經濟發展並擴展國家能力，便可視為採行歐洲措施的結果。

　　若說近代早期歐洲財政措施對國家建構和經濟發展有正面效益，而這些財政措施隨後替近現代財政政策鋪路，成功的近現代國家和經濟便是依循此道，此一說法確實貌似能解釋近現代世界其他地區各種成敗案例。「非西方措施若與西方不同則應由西方發展的措施取代之」這種假設存續至今，所造成一個棘手的後果就是，即使全球都面臨公共財政的困難，我們仍繼續想像西方的環境和經驗可以提出解決這些問題的方法。而從本章深入檢視中國的個案便能發現，「與歐洲不同的近代早期措施無助於近現代措施的成功」，充其量也不過是個不夠完備的假設。社會科學仍是基於這種不對稱假定──認為西方的措施是近現代原則與政策的唯一來源，而且歐洲及白人移住民社會以外的地區，其政治與經濟之成功必得採行某種版本的西方措施。

　　這種初始假設──認為世界其他地區的整體政治經濟體制和特定財政措施之善惡評估（assessment of the virtues and vices）須與歐洲範

例進行比較——之所以會造成誤導，並非因為這種假設毫無可取，而
是因為其只指陳了部分事實（half-truths）而使得我們難於看見其錯誤
之處。於是，世界上其他地區若不自限於以自身與歐洲之異同來衡量
財政實務之意義，我們就面臨了該如何為它們建構政治經濟敘事的挑
戰。重建並了解世界其他地區之財政措施及其政治經濟脈絡，此種努
力所帶來的知性報償必當讓我們更了解近代早期全球經濟與政治的歷
史、這些歷史與後續歷史變遷型態（patterns of historical change）之間
的可能關聯，以及這些知識將如何引領我們預測未來可能的發展。本
章只能為此更大規模之計畫提出關於研究策略要素的建議。就此目
的而言，我將視財政關聯為居於政治挑戰與經濟可能性之間的重要樞
紐。本章大致的主題與前一章論宗教與政治相同：舉出中國與歐洲之
間的關鍵對比以將更普遍的議題著落於各自的歷史脈絡中。我先將近
代早期歐洲財政措施的三個關鍵特徵置於它們的歷史脈絡中考察；
這裡所稱的歷史脈絡，指的是歐洲世界的國家建構競爭（competitive
state making）和連結了歐洲統治者於世界其他地區之產品與人民的歐
洲商業資本主義。

　　首先，蒂利（Charles Tilly）在1975年及其後的作品中論證：發動
戰爭和統治者自身皆需要藉增加財政收入以建造軍隊和官僚體制，此
二者都與歐洲國家的形成密切相關（Tilly, 1975; 1992）。歐洲的統治者
們協助提倡國內與國際商貿，藉此與其他歐洲國家進行經濟競爭並利
用世界其他地區的產品與人民；他們若不是對商人課稅，便是自行派
出人員管理商貿交易（Yun-Casalilla, 2012）。正如布魯爾（John Brewer）
在超過四分之一個世紀前所說明的，足以支應強大可畏的海軍之
商業收入便是18世紀英國的「權力支柱」（sinews of power）（Brewer,
1990）。但影響國家財政成就的不只是英國發展出的這種徵收消費稅

（excise taxes）的官僚體制。當稅收不夠時，英國國家也會發展金融工具來獲取更多必要資源，例如透過利率遠比典型短期債券還低的長期公債。不同於英國皇室，法國國王無能償付一七六〇年代積欠的戰爭債務。他新提出的稅目或貸款均未獲法國菁英支持，這一狀況所造成的財政危機日益惡化而成為1789年法國大革命的背景因素。財政的崩壞與成功在近代早期歐洲史上都有政治後果。此般英法的對比，也能延伸到近代早期歐洲財政措施的第二個主要特徵，亦即王權與菁英的關係。

　　菁英與歐洲統治者的關係是奠基於一些為土地、商業、宗教菁英所廣泛認可的原則上。這些菁英有著清楚有別的社會身分和經濟利益，此亦成為組織會議的基礎。當統治者認為有必要討論他們彼此都重視的事務時，就會召開這些會議。在近代早期，資助皇室戰爭可說是這類事務中最重要的一種。英國國會從1688年光榮革命開始取得增加財政收入的掌控權（authority）——國會不能啟動公共開支，但能控制王權是否能夠從歲收中取得資金（以及能取得多少資金）來開啟新戰爭。專制的法國國王就未受此牽制。然而這並不表示他能輕易調動新歲入；確實，他無法向某個單位尋求新歲入，因而不得不與王國內各地區的菁英協商討論加稅。正如霍夫曼（Philip Hoffman）和羅森塔爾（Jean-Laurent Rosenthal）所說明的——對部分讀者而言或許違反直覺——比較專制的國家所能徵得的稅，比在有國會控制政府財庫的國家中國會所能同意的稅額還少，例如1688年後的例子便是如此。比起沒有國會直接掌控稅收的法國王權，英國國會能允許的稅額程度還更高（Hoffman and Rosenthal, 1997）。後來美洲殖民地人民的著名訴求「無代表，不納稅」就是引用英國國會的稅收決定權為原則。這種意識形態斷言（ideological assertion）和徵稅權力應該著落於何處的

主張，是代表制原則（principles of representation）的基礎，也是班迪克斯（Reinhard Bendix）所指陳的近現代民族國家之形成（他視此一形成過程為政治權威之基礎的轉移——「從國王到人民」〔kings to people〕）的核心要件（Bendix, 1978）。奠定徵稅權的政治基礎設立了重要的政治原則，但這並未說明近代早期歐洲和其他地區財政措施的第三個重要特徵，亦即國家財政政策對經濟的影響。

近代早期歐洲國家在歐洲之內或透過海洋活動在其他地區都用各種方式彼此進行經濟競爭。對近代早期歐洲統治者而言，一套被後世學者稱為「重商主義」（mercantilist）的思想形成了他們的財政決策而影響經濟。整體來說，他們想要提升國內生產並將產品賣至國外，藉著這些活動聚斂更大量的貴重金屬，以供給用於商貿交易的貨幣。這種始於歐洲之內的競爭，延伸到海洋貿易及榨取海外領土。部分歐洲國家的這種海洋發展便是近代早期歐洲財政擴張的第三種特徵。歐洲統治者從美洲殖民地開採資源（例如，在西班牙開採銀礦），並創造農產品與工藝品的交易（例如，將英國製造產品賣至北美殖民地，又將當地魚、木材、穀物和麵粉銷至西印度群島，再將西印度群島的蘭姆酒、糖和糖蜜〔molasses〕賣到英國）。在世界的另一端，亞洲地區的歐洲貿易商將所購入的胡椒和其他香料運回歐洲；葡萄牙人和荷蘭人先後意圖主導這些貿易。對近代早期歐洲國家來說，歐洲對外貿易是因商貿經濟擴張才帶來的收入來源，而且有助於免除歐洲內部貿易課稅所引發的疑難雜症——徵稅造成提高產品成本而損害貿易。

歐洲近代早期的以下三種特徵揭示了《財政國家之興起》中財政國家的特質。首先，成功的歐洲財政國家能夠取得資源以支應對彼此開戰的軍事武力；第二，它們之所以辦得到，是透過與它們社會中的菁英協商，以確保可用稅收取得部分上述資源；第三，部分國家透過

海洋貿易來拓展商務，而海洋貿易證明能讓財政國家獲益豐富，尤其是英國和荷蘭。若要撰寫一部財政國家的全球史，我們定義的財政國家，必得是獨立於近代早期歐洲競爭性國家形成之政治環境、歐洲人於美洲發展殖民地及亞洲發展商貿資本主義等等之外——因為這些全都構成了西方歐洲國家稅收中主要的需求與供給。如果我們無法如此定義，那我們便是將財政國家的概念侷限於近代早期歐洲出現的特定一種國家。

　　《財政國家之興起》中的論文還延伸討論到歐洲或近代早期以外的國家。歐布萊恩（Patrick K. O'Brien）深度省思《財政國家之興起》中其他文章時，所考量的是他所謂的「在經濟上具有效益之國家的財政基礎」（fiscal foundations of economically effective states）。在他的洞察之中，將歐洲國家的形成過程和資本主義的發展視為相連結的要件，並將此二者同置於另一更廣大歷史曲線中來看待，這使得歐洲有別於其他地區——「國家的形成是長期成長（long-run growth）過程中不可或缺的一部分，而且若要解釋東西方經濟分流，國家的形成也會是這種敘事的重要一章；至於在近現代工業化全球史（global history of modern industrialization）中已然被觀察到的領導者、追隨者和趨同融合的這個序列之中，國家的形成也可能是關鍵要素。」（O'Brien, 2012: 444）這般取向使得他把從近代早期歐洲國家形成，到這些國家後來為支持工業化過程而發展的政策，再到維持近現代工業化經濟，視為世上絕無僅有的歷程。更明確地說，這些洞察促使他論證19世紀西方與其他地區之經濟分流乃是起源於從威尼斯到鴉片戰爭的財政抉擇——亦即近代早期歐洲國家的財政政策。

　　諾貝爾獎得主諾斯（Douglass C. North）已強調過葡人與荷人組織海外商貿活動所造成的不同經濟後果；比起在統治者控制下直接召集

的商人群體，由國家規範（state-regulated）的私人貿易公司的商務活動更有效率（North, 1997）。諾斯舉出此項對比，乃意指私人企業活動（它們對19世紀工業資本主義之物質世界轉型〔transformation of the material world〕而言相當重要）是具有優越性的貿易活動類型。但是近代早期統治者的不同政治決策所造成之經濟後果，並不表示這些決策僅僅是為經濟做出，而毫無政治因素。特許公司（chartered companies）為政府財庫出力，便是為國家財政利益服務。它們若得以順利保護自身的壟斷（monopolies）——亦即確保其國人或其他歐洲人在它們公司之外進行的私人貿易不至於對它造成傷害，這無助於開放市場和自由貿易，而是抑制自由市場。18世紀晚期的市場競爭擴張，銷蝕了這種特許公司模式下的貿易限制。這造成大英帝國及荷蘭的財政變遷，而使其不易符合財政國家的概念。

荷蘭國家的稅基不足以支應戰爭，1830年比利時脫離荷蘭更加劇了財政困難。為了徵得更多稅收，荷蘭在荷屬東印度推行強制性的措施系統，要農人種植經濟作物然後銷售至歐洲。而隨著靠特許公司貿易賺取商貿收益這一系統的崩潰，英國的財政變遷造成之負面後果影響的人更多。當英國東印度公司無法阻止私商違反前者建立的獨占壟斷而直接與中國商人互動，英國政府在印度擴大種植鴉片並賣往中國。由此，導致了中國與大英帝國間的衝突，並以英國鐵甲戰船「復仇女神號」（the Nemesis）在中國人及其港口前所向披靡且開啟了後續近百年的不平等條約而告終。

歐布萊恩關於近代早期財政措施發展到近現代歐洲財政措施的著作裡，略過了英國和荷蘭在19世紀前期為了創造新財源，所做出的那些有道德問題的政治選擇。這些選擇影響了荷屬東印度及中國。荷屬東印度之為19世紀亞非殖民地的一部分，並不可能存在財政國家，因

為它們根本就沒有獨立的政府。中國則是少數幾個亞洲國家之一，整個19世紀仍維持形式上的獨立，並由同樣的國家形式所統治——這個國家形式反覆統治中華帝國，其政治演化史已超過兩千年。不過，鴉片戰爭直接及間接對中國的財政措施造成了重大影響。1840年《南京條約》開啟了一系列條約，標示著中國的戰敗及包含數額可觀之賠款在內的戰敗後果。中國在1894至1895年中日甲午戰爭中失利，以及首都受到八國聯軍占領和劫掠，都讓中國負擔了極高額度的賠款。1901年義和團事件後之賠款高達四億五千萬兩白銀（按當時匯率，約三億三千三百萬美元，或六千七百萬英鎊），並規定分三十九年償還。儘管部分賠款在1943年後獲得減免，其償付工作仍是綿延了約四十年的長期挑戰。

　　當歐布萊恩宣稱帝國不可能是發展型國家（developmental states）時，他沒提到中國明顯受到具實證性的束縛——自19世紀後期至二次大戰所須償付的鉅額賠款（O'Brien, 2012: 456）。當我們退離那些讓中國無法徵集資源以追求經濟發展的原因，看看19世紀諸帝國的一般狀況，我們確實能肯定它們在1914年全都沒有變成工業社會；我們也能指出，除歐洲西半部及美國以外的大小政體同樣全未工業化（日本例外）（Dowrick and Delong, 2003）。表面上，歐布萊恩關於帝國的意見看似相當直截明確，因為19世紀的領土型帝國（territorial empires）都未變成工業社會。但是為什麼呢？我們可參考尤恩－卡薩利拉（Bartolomé Yun-Casalilla）關於近代早期財政效能之最佳國家規模的論證：「小型政治單位（small political units）難以籌募足夠資金來擁有競爭力以保衛臣民的財產權和市場。大型政體（big polities）則苦於規模之不經濟（diseconomies of scale）、資訊困難以及與遠地菁英協商的極高成本。長距離的資金移轉和安全都造成極高的財務成本。」

（Yun-Casalilla, 2012: 23）但是這個關於空間規模的論證在20世紀也能成立嗎？《財政國家之興起》雖沒有直接觸及這問題，但既然它宣稱歐洲財政國家之演變是何等意義非凡，足見它確實認為，這條軌跡不僅決定了哪些國家能在政治上取得成功，也決定（在歐布萊恩眼中）歐洲何以能在經濟上與世界其他地方分道揚鑣。儘管中國與歐洲在近代早期的財政反差和19世紀的經濟反差固然成立，然而我們並不清楚，近代早期的財政反差是否就造成了19世紀的經濟差異，而後續20世紀非歐洲地區的工業化經驗是否就仰賴著競相效法歐洲從財政國家轉變為發展型國家的軌跡。我們確實能發現，20世紀的國家之所以成為發展型國家，是循著近代早期歐洲財政國家轉型成支持工業化之國家的步伐而來的嗎？若此，那麼歐布萊恩的宣稱或許真能成立：近代早期歐洲財政措施對於理解後續國家演變型態，尤其在支持工業化一事上扮演的角色，具有重要性。本章接下來會探討此議題中關於財政作為的部分，至於中國工業化之主題則為下一章的焦點。

　　我們可以預期，關於20世紀中國、印度和俄國何以出現發展型國家，有一種解釋是由於這些國家各別採用了西歐或美國首創的思想和體制。不過稍一觀察中國近現代工業經濟的形成，以及這個轉型與整體政治經濟體制及特定財政政策之間的關係，則可見一種自近代早期至當代的、與歐洲不同的經濟與政治轉型模式——雖然這些活動至今已使兩個地區都進入政治和經濟皆相互連結的共同世界了。如此的檢視可支持以下論點：近代早期的財政體系各有不同，而且其間的差異對於各個體系在近現代如何演變而言是至關重要的。此外，呼應各地區國家面臨的挑戰和擁有的能力，近代早期各國財政系統在經濟上和政治上的角色亦各有差別。這些差異並未阻礙西方以外的地區發展出後來的策略來轉型它們的國家和經濟，如此既可能援引歐洲所原創之

追求財富與權力的原則，也可能採用根據自身歷史而來的優先判斷和
政策。中國財政轉型的性質與意義，無論就政治上或經濟上來說，都
不能僅僅從追索傳統中國的措施如何被外國措施取代而推導出來——
儘管這種研究方式頗為習見而傳統，但至今猶存。與其接納這種歐布
萊恩所建議我們去認清並接受的命題（即在經濟上具有效益之國家是
經由相似於近代早期至近現代歐洲的財政政策發展而形成），只要回
顧中國的實作證據，便顯示其國家轉型的政治過程與歐洲甚或更廣義
的西方頗不相同，而財政政策不僅嵌於其中，也促成當代中國經濟崛
起之形成。

　　明代（1368-1643）官員的輕稅（light taxation）政治理想有其可敬
的知識系譜。中國政治思想家自古典時代（classical times）即開始主張
輕徭薄賦、與民休息，藏富於民而使人民更能備荒避困。人民富足，
生計無憂，於是社會穩定、治人者得以安穩無虞。賦稅有節的原則進
而被納入更寬的一套原則之中，旨在促進糧食供給安全（food supply
security）。16世紀時國家提供了公共秩序，以及如水利（water control）
和糧倉（granaries）等社會財（social goods）。此一時期遠距貿易因商人
網絡遍及帝國各處而蓬勃發展。商稅（commercial taxes）薄且按中央政
府所訂稅率徵收，表示帝國各處租稅歸宿（tax incidence）的總差（gross
differences）遠比在主權分立的政治體系之下——如歐洲——還更低。

　　具有經濟財富和社會地位的中國菁英並非組織起來追求特定政
治利益的群體或個體。在中國沒有體制化的機制（institutionalized
mechanisms）讓他們罔顧他人福利而為自身的特惠發聲並影響政府
政策——而近代早期歐洲社會則存在著這般現象。對比歐洲的國家
與菁英間關係，中國菁英與官員共享一套社會議程（social agenda），
推動地方體制（local institutions）來維持社會秩序（Wong, 1997a: 105-

126）。由於帝國龐大，官僚的嚴密監管能力又很有限，官員和菁英便聯合創造地方體制。儒家期許菁英協助維持地方社會秩序，而且國家不曾反覆地超常徵稅，表示政府之手通常不向地方社會施加壓力。政府在18世紀大舉施作時──重大的水利翻修、擴增糧倉系統與大型軍事行動──徵收了一系列非法定賦役（non-statutory levies），但不同於近代早期歐洲欲求更多資源的痼癮以致於連超常稅賦也永遠無法滿足它，近代早期中國統治者在相應計畫完成後便取消超常徵調了。

　　近代早期中國的國家和經濟的關係以及國家徵稅和支出的影響迥異於歐洲。中國人從14世紀至19世紀中葉均高度仰賴土地稅和勞動稅（land and labor taxes），而商稅只是偶一為之。中國財政政策遂使貿易之進行得以免受徵稅妨礙。此外，官員反對富商以操弄他們所控制之商品的市場供給來影響價格，藉此，官員促進了工藝與農作產品的流通──這項原則是普遍適用的，關於穀物的狀況尤其如此。如此即可強烈對比近代早期歐洲國家的作法：限制商人參與主要海洋商貿冒險的人數，而統治者則由此貿易提取重要歲收。中國確有限制特定市場商人人數的政策事例──鹽務和廣州貿易體系是18世紀的主要案例，但是一般而言，若將提倡開放貿易與控制市場准入（market access）對比起來看，則此二者在近代早期的兩個地區（中國與歐洲）中的相對重要性，卻各有不同。與此同時，近代早期中國和歐洲的生產和貿易都有所擴張。財政政策在這兩個區域中亦各別促進和限制了不同類型的商貿成長。更廣義上來說，中國的經濟政策促使了最佳農耕和工藝生產作法廣為流傳，有助於建立並維持運輸體系和生產的基礎建設（infrastructure）──如水利設施──並且為帝國境內帶來普遍和平，使得貿易障礙比當時歐洲更少（Wong, 1999）。

　　對於特定財政議題和更廣義的經濟發展，近代早期政府的政策影

響了中國和歐洲商貿交流的演變，但是人們往往更直接且明顯地將近代早期歐洲的財政措施視作是為了回應工業經濟的機會和需求；相比之下，這些措施是否也為近現代歐洲國家的財政政策預做了準備，則不甚清楚。此外，中國與日、韓兩個東亞鄰國類似，於19世紀後期對歐洲的財富和力量印象深刻，並把握師法歐洲的機會來創造既有政治實力又有經濟財富的強大綜合體。這些國家在19世紀對廣義經濟發展和特定財政政策的態度甚為相似，它們之間的相似程度，比起分別看兩個地區（歐洲與東亞）各自內部的近代早期與近現代財政政策之間的相似性，可說是有過之而無不及。這個可能性經常而顯然地被忽略了，因為有些歐洲專家強調近代早期至近現代時期的延續性，而東亞專家則在比較中日兩國如何回應費正清（John Fairbank）所謂的「西方衝擊」（Western impact）時，訴諸標準比較（standard comparisons），一面稱頌日本採行外國體制和政策，一面批評中國無能同樣改頭換面。當然，學者也承認中國國家在19世紀晚期面對著日本所沒有的政治挑戰：帝國的規模使得國內社會秩序議題越發嚴重，18世紀諸般動亂之後則必須持續結合官僚體制和菁英的努力來鞏固穩定性；隨後與外國的敵對戰爭，尤其是1894至1895年的中日（甲午）戰爭和1900年的義和團運動，使中國國家擔負了鉅額賠款，這樣的狀況支配了後世所知的帝國末年財政挑戰。帝國於1911年瓦解而完結了中國的這場挫敗。國家在敗亡之前無法再本於既廣且深之財政基礎啟動經濟變革計畫，或思考這個幅員與歐洲相當而人口多出四分之一的地區如何轉型。了解到即便超過一個世紀之後許多歐洲東部地區仍未發生始於英國的那種工業化，且歐洲整體需要數個政府超過百年才能達到此目標，若是期待任何單一政府在世界上另一幅員與人口相當的地區竟能劇烈變革而且成功，根本是不合理的要求。

　　1911年清朝滅亡到1949年人民共和國成立期間近四十年的飄搖動盪，為中國支離破碎政體的統治者帶來多重挑戰，其中增加稅收以支應戰爭就呼應了近代早期歐洲的國家建構。1949 年中國共產黨革命成功之後，歐洲式國家建構和經濟變革的敘事很快就與中國的狀況不相干了。中國的狀況既是社會主義專政（socialist dictatorship），亦在國家的廣義政治經濟體制和特定財政政策的特質面向上都追隨蘇聯模式，因而與公認的標準發展模型分道揚鑣。但是，歐布萊恩和尤恩－卡薩利拉的論文早先已提出種種觀察，關於就財政而言最有效益的國家規模，以及帝國無法適用於此一規模等等。我們又當如何看待這些觀察呢？我們或可依據這些觀察推想：帝制國家（imperial state）變遷為社會主義國家，使得在兩百年前不為人採信的事情到了20世紀下半葉變得可能了。這一推想往往促使我們做出如下假設：社會主義國家的模型乃是起自近代早期的一些措施，因而是歐洲模型的近現代變形，以此之故，明清時代的過往就毋庸納入我們對一九五〇年代中國國家財政政策的評估之中。然而，若將一九五〇年代中國財政政策和早期歷史上的措施加以平行對比，我們卻會產生不同的看法。

　　共產黨國家掌權頭十年立即重申中央政府握有完全的徵稅權力，它利用地方官僚來為中央動員歲收的措施跟兩個世紀前的中國國家相同，而且就如同更早時期一般，直接農業稅（direct agricultural taxation）是中國財政策略的重要特徵。地方政府也像兩個世紀前一樣再度在國家的刻意安排下資金不足。當國家需要組織重要公共工程計畫時，就透過政治運動來動員資源和人力，不過這時的手段則使18世紀的措施相形見絀。1994年以來的過去二十年間，重大財政改革使得中央政府得以重獲更大比例的稅收；但稅收成長得比整體經濟更為緩慢，許多國內外評論仍將焦點擺在政府必須進行一些改革來處理這

一問題，而外國觀察家則相信自己知道該如何解決那些問題。與此同時，中國經濟實現史無前例的成長這一事實令人無法忽視而必須解釋中國的策略有哪些特點，也必須解釋這些策略以哪些方式解決了更普遍的問題。我們習於期待西方定義的最佳的措施可以遍及全球，而甚少認為最佳措施可能來自別處。日本的經濟成就創造了始於1979年傅高義（Ezra Vogel）《日本第一》（*Japan as Number One*）的研究浪潮；而當日本在過去二十年間陷入因政府政策而加劇的結構性停滯之後，日本的成功很快就被拋諸腦後。這一經驗或許讓東亞事務觀察家們更不願意考慮中國式方案有可能解決晚近美國或歐洲的經濟問題或財政挑戰，同時我們仍安然地宣稱西方的措施在世界各地還是很有道理。

　　在對各種方向持續懷有不對稱期待的基礎上看看哪一方能夠誕生最好的措施，這樣的想法有一些基本限制，這些限制則有以下兩個源頭。其一，我們並沒有承認：歷史上曾經存在著多種變遷途徑，它們定義出各套別有特色的選擇，這些選擇則共享一些通同要素。其二，我們沒能考慮到，在非西方脈絡中能發揮作用的政策與措施，在許多西方脈絡中或許也能有所發揮。就政治制度而言，我們知道美國的代議制民主已經被證明遠遠不如理想，而歐洲以歐盟空間規模所力求的民主治理也被證明充其量可以被描述為脆弱不堪。但何以這兩個世上主要的民主地區的政治體制該為中國提供統治方面的操作原則，其理由就經驗上而言不甚明瞭。若我們將治理的行政層面與治理的政治特點區隔開來，便能深入追問歐美官僚體制的效率和有效程度是否確實高於中國。但是即便有人認為中國財政措施的一些特點比歐洲或美國方面還更有效（例如，中國政府對2008年金融／經濟危機的凱因斯式回應），我們仍能輕易找出很好的理由指出中國式措施不適用於美國或歐洲的民主環境。然而與此相稱的議題是：中國環境何以應該安然

採納西方的措施？大多數學者似乎對這一提問頗不以為意，因為這簡直被視為理所當然。

　　更平衡的觀點——包括認明各地的共同挑戰，如歐、美、中三個地區的地方政府都資金不足——則會考量財政議題如何契合獨特的政治與經濟機構群組，並藉此評估各別的歷史發展如何形成相應的問題和可能性。誠然，日益緊密複雜的全球關聯形塑了系統性的機會和限制，這些關係將世界各地的歷史都放在特定的框架中——脫離了近代早期、穿過了近現代、來到了當代——而我們就在此框架裡拼湊著未來的圖像。我們如何將未來的政治經濟關係（國內的、區域的、全球的）形塑得更好？一個可能的方法，就是更妥善量度多樣的歷史——在這些歷史中，彼此有異的近代早期財政意識形態與制度（舉例而言，中國的和歐洲的）提供了相互有別的模式，在各自的模式中，不對稱的政治和經濟活動在近現代浮現了，它們在晚近則被更為平等的政治與經濟關係所取代。當我們認為自己全然活在本身特定的一套路徑依賴式的政治可能性之群組（path-dependent sets of political possibilities）之中時，關於概念與制度創新如何得以更為自由地流通一事，在晚近的情境中還未曾有較為相稱的、學術上的理解與認識。

第四章 ————————————

中國、歐洲與世界的工業化

　　19世紀中國遭遇到了近現代世界，對於大部分述說這一歷史的敘事而言，費正清的「中國回應西方論」（China's response to the West）已被證實是一個十分耐用的框架。這個框架在六〇、七〇年代早期備受推廣，卻也飽受來自爭辯帝國主義之惡的左傾學者批評，但這些學者的評論，與其說削弱了19世紀中國史當中這一「本土－外來」主軸的重要性，毋寧說是改變了對西方衝擊中國這件事的評價。20世紀晚期的中國中心論學術研究，則將研究往前推到19世紀新的外來危機這一脈絡尚未發生之前，賦予17、18世紀的漢人、滿人更多關懷與選擇的能動性以形塑自身世界，但是，這些研究並沒有將19世紀中國史自「回應西方」這一主軸移轉開多少。在政治與經濟問題上，中國史學者仍然將重點擺在程度不一的兩造糅合上：一是西方典範或權力的強度，另一則是中國發展西方政治體制與經濟措施之種種努力的成效——或較典型的種種努力的不足。

　　這些有關19世紀中國史的感知與認識，為擁護五四時期（約1920年）在地／外來、傳統／近現代二分的學界所堅持，並延伸到不管以中文或何種語言所書寫的20世紀中國史研究裡。中國在19世紀踏進了我們現在所認知的全球史當中，而我們對此所採取的觀點，是依據那些將西方想法、制度認作進步，而將在地習俗、措施的存續認作退步的衡量標準。相同或類似的準繩，也進而被應用到20世紀的中國

歷史上。這種史學境況並非只發生在中國研究上，但在過去三十五年中，這個國家在經濟與社會方面的恢弘轉變，卻進一步加劇了這種境況。這三十五年間的轉變發展，可能會被視為不過是中國自19世紀晚期以來努力回應西方的整個歷程之一章罷了。但是，在談到中國的經濟轉變以及國家在鼓勵某些變遷中所扮演的角色時，大多數有關這些課題的討論卻一直以來忽略了——在中國的領導者們意識到西方科技之前，他們的政策方針以及對政治事務優先順序的判斷，與以上這些課題是息息相關的。

　　中國對財富與權力的追求（通常這被認為是一種以適應及採納西方政策與經濟措施來回應西方的方式），至清代末期，演變成一種轉變和重振經濟的政治社會規畫。21世紀的我們在觀察這段期間時，必須理解的一個基本問題是，晚清國家官員如何漸漸地將創造財富與權力的當務之急給概念化並付諸實行。由於語言是最容易領會的層次之一，我們就先從這裡來思考這個充滿挑戰性的問題。英文——一如其他語言——中通常區分週期與非週期性時段，比方說，英文區分「建設」（construct）與「再建設」（reconstruct），但是在中文裡，單單「建設」一詞就包含了這兩種含義。當翻譯中文「建設」一語時，我們實際上在英文「construct」和「reconstruct」中二者擇一——如「中國建設銀行」（China Construction Bank），或一九二〇、三〇年代的「鄉村建設運動」（Rural Reconstruction Movement）。我們在英文裡區分「新製的」以及「重製的」、「再製的」，而忽略了一種可能，就是在這兩端中間，有一個關於改變的概念空間，它保有一種延伸的可能性——一邊肯定早先的模式與程序，一邊向前進，不管那些模式與程序本質上是政治的、經濟的、社會的還是文化的。以下，我將會提議，19世紀晚期至20世紀早期的中國所理解的「工業」，不僅僅是我們所熟悉的機械化

第四章｜中國、歐洲與世界的工業化　　81

工廠產業這個19世紀的「工業化」新玩意，同時也是幾世紀以來農村市場生產所不可或缺的家庭手工業；中國在19世紀晚期，為提倡一個強盛國家與繁榮社會而進行的實際政治操作，涵括了兩種政策，其中一種是我們所認為的許多國家為了回應西方帶來的壓力與契機而普遍地都會做出的新鮮嘗試，另一種則深深植根於傳統關懷，而被我們貼上最屬於中國的標籤。清朝最後十年的官員並不是一味地鼓勵以外來代替在地或在新舊之間擇一，相反地，他們設想著一個在國際上可以讓這個國家更有競爭力、在國內能夠讓這個社會更繁榮的機構制度平台，而將這兩個計畫連結在一起的關鍵，就是一份可以同時促進城市與鄉村不同產業發展的工業化方案。

一、晚清工業化的社會、政治基礎

　　一八七○年代間，大清國官員受加強軍事力量以抵禦外來威脅的焦灼渴望所驅，對近現代工業的興趣，一開始主要集中在軍火業與輪船建造上。有關從這時開始的工業發展的嘗試，上一代學者的評價主要聚焦在他們所認定的這些嘗試當中的政治或經濟侷限上（Feuerwerker, 1958; Chan, 1980）。就政治層面而言，因為是省級官員在帶領計畫事業的設立工作，所以大清國對挑戰的回應，通常被認為會造成權力的連帶下放，因而也就成了中央政府權力逐漸衰微的跡象，並最終導致它走向1911年的傾滅。而就經濟層面而言，因為看不到像是日本明治時期那樣的工業化流程，這意味著政府在獎掖經濟發展上做得並不多。諸如這般的評價，向來都是奠基在一個關於歷史變遷的更大模型中，這個模型將西方社會的性格特徵視同近現代性的意識形態暨制度特性。雖然歷史學家與其他學者自信不疑地摒斥了基於近現代化理論而述說的種種泛泛之談，但是，要建立另外一個角度

來理解清代政治、經濟系統如何轉變——更確切地說，中國行動者認為他們在做什麼，以及這些行動所造成的有意或無意的後果——我們離成功仍差之遠矣。

在歐洲與美國，19世紀晚期是一個資本主義大獲全勝的時代；建立在私有財產上的市場經濟，以及支持這個經濟秩序的種種政治體制，獎勵資本大量集中，以便建立新式工業中舉凡鐵路、化工或其他重工業等大型產業。日本方面，則是在19世紀晚期出現了一些從事工業與財務經濟的企業集團，它們構成了日本經濟成長的機構基礎。至於中國方面，確實不見任一機構體制可以幫助發展那些在世界各地皆相當重要的產業。撇開儒家輕視商人這個向來的刻板印象，中國政治經濟體制向來都重視市場商業交換：長程貿易由複雜精細的商人網絡構成，其幅度橫跨了帝國數個省分，而地方市場系統，則提供了農村家庭可以販賣作物與手工業產品的場址。近代早期的中國官員所屢屢反對的（特別是在食糧供應的問題上），是市場控制的獨占或寡占，他們認為商品應基於供需情形而自由流通，對市場干預抱持猜忌，不管這些干預是來自富有商人，還是那些企圖限制作物輸出以保護轄區百姓供給額的省級或地方官員（Wong, 1999）。政府批准的壟斷貿易只限於鹽業，以及那些在廣州持有執照、與西方人貿易往來的商人。

那些透過販鹽或對外貿易而致富的、相對少數的富商巨賈，身負著官員們對他們的期盼，也就是當有財政需要時，他們可以充當財源——有時候稱作「捐」，這些由富賈移轉給官員的金錢，符合了官員認為巨商須協助維持社會秩序與穩定的社會期望。在這些期盼背後存在的，其實是一份更深遠的、官員與社會菁英彼此之間的默契（understandings），它使雙方矢力同心維護地方社會秩序的建制，在18世紀，這些建制包括某些治水工程、學校以及糧倉。官員們本身在家

　　鄉就是地方士紳的一員，同時也身處一個影響範圍更大的網絡中。在主要構成為農村的社會裡，官僚體制最底層的縣官一人通常必須負責數十萬名百姓，若沒有菁英的合作，監督——遑論控制——社會秩序的公權力將鞭長莫及；而社會菁英們——平民亦然——在從事眾多日常活動時，是可以不受到官員的協助或壓榨之太大影響的。我們可以從這套關係中，獲得一個觀察晚清工業化之社會、政治基礎的有用觀點。

　　募集資金、組織新產業的投資事業等挑戰皆具體地顯示了，要繼續維持社會安穩，再也不能單靠成功有效地落實一套國內統治方案了。對外來威脅的留意產生了一套特別的回應方式，這套方式至少在一開始可以經由官員與菁英的齊心協力而開展。富有的商人菁英兼具資金以及管理才幹，理所當然是官員開創事業時的合作夥伴。起先籌募資金的方式包括給予捐輸者榮譽性的獎勵（王奎，2008：163-170）；政府債券內需在後來的成長，靠的即是這種讓商人菁英們承擔某事物的社會責任感，這事物既被視為是捐輸或放貸，本身也同樣是有利可圖的金融商品。官員們則轉而向國內外貿易徵稅，以帶動財源來開啟新的投資事業（周志初，2002：208）。如此，商人與官員攜手，為創設近現代工業籌措資金。但是，在清朝最後十年之間，商人與官員之間的利益歧異變得越來越明顯——雙方都繼續追求財富與權力，而雙方不同考量之間的衝突較勁，則益發地要比他們基本上仍繼續相輔相成的努力還更醒目。

　　在太平天國起義以後，晚清政府開始讓菁英能更直接地參與政府運作，如在某些地區，以菁英為首的單位開始著手進行徵稅工作。雖說在此之前菁英們已經較不正式地參與收稅工作，但現在，官僚體制策辦了一些機關單位，讓菁英能更公然地參與。1904年商會開

辦，即是這個趨勢的重要例子，它清楚界定了菁英參與政府各項活動的更正式的機構性基礎。對官員來說，他們期望中的商會將協助他們辦理各種商業事務，一如過去數十年、數世紀中商人較不正式地為他們所做的事情一樣。但是，隨著政府對商人的需索——特別是稅額——增加，商會遂也成了商人的媒介工具，商人透過它來跟官員周旋，以確保、抬高自身利益。這就像是對我們來說並不陌生的「利益團體代表」，也比較接近我們心目中商人團體會做的事（馬敏、朱英，1993）。相形之下對我們來說較隱晦不明的是，在經濟相關的事務上，商會與官員的互補角色中那個持續存在的、舊有的邏輯。有關這個持續主導的舊邏輯，一個基本的例子，就是商業糾紛的化解。以往，解決商業糾紛的程序多半倚仗商人自己來化解齟齬，只有當他們無法在信用、貨物處置（disposition of goods）或類似問題上達成共識時，才會轉而尋求官員協助。[4] 經濟史家喜歡將法庭與契約的正式發展當作歐洲專屬的現象，並以之與伊斯蘭世界依賴非正式制度的現象做對照，然而中國的證據卻顯示了，正式以及非正式的制度機構是如何可能在化解商業糾紛中一起發揮作用（Greif, 2006）；即使歐洲與伊斯蘭兩方制度的強烈反差並未言過其實，中國的作法也肯認了，在單一系統內，確實有可能混合正式跟非正式兩種元素。晚清時期正式與非正式制度的關係演變是一扇窗，供我們憑眺在官員及經濟菁英（economic elites）之間浮現的種種政治與經濟關係。

　　19世紀晚期官員、菁英之間應對彼此的不同方式，靠的是一套

4　這個主題是戴史翠（Maura Dykstra）博士論文的一部分；她仔細地重建了晚清時期四川重慶市的商人團體如何肩負起解決商業糾紛的角色，被期待可以嵌合進一套有官員涉及的、更長的可能步驟中，以解決不完備或是有爭議的交易（Dykstra, 2014）。

在數百年間發展成熟的措施，這套措施同時也提供給我們一個不同於以往的視角，去衡量企業管理中的官商關係。雖然官員經常因為他們對公司的經濟管理進行政治干預而遭受批評，但同時我們可以見到，政府嘗試著要整合運用官員和商人兩邊的心血成果，比方說，他們企圖把不管是來自官方稅收或商賈捐獻的資金都放在同一個原則底下運用。在這樣的嘗試底下所隱含的假設是，官員與商人在打造新式產業時，遵循著同一個方案。這一方案從屬於一套更為深廣的政治經濟原則，若要更妥切地理解這個恢弘的原則框架，我們應進一步理解作為幾世紀以來中國經濟繁榮之基石的晚清農業政策。

二、晚期清朝的農業政策方案

對中國史學者而言，國家對農業的關切，一向是政治哲學和官方政策中眾所周知的基本特徵。政治存續力以及社會安穩，皆有賴於繁盛的農戶社會自給自足並供給統治者；國家財政生命力與百姓福祉休戚與共，因為在兩千多年來中國王朝史的大部分時間中，國家稅收的主要來源所憑藉的是農業，而非商業貿易或手工業。於是，如何促進生產、解決糧食供給不穩、確保資源貨物在帝國市場內暢通無阻，便成了官員的關懷重心。從兩千年歷史的角度看來，18世紀是政府種種努力的高峰：將人民安置到未開發土地上，處理各式各樣的治水計畫，蒐集並普及新品種作物與栽培技術的資訊，維護社倉以服務那些遭遇歉收的城鄉人口，以及監督市場制度以調解那些會拖慢交易流程的衝突摩擦。中國政府——或較精確地說來，中國政治經濟體制——在經濟繁榮與社會穩定之間預設一層緊密連結，並且認為，如果將來發生對皇權構成威脅甚或推翻皇權的社會騷動，鄉村就是這些騷動的腹地。

　　有著上述這樣一段歷史，那麼19世紀晚期知識分子與官員會繼續將農業視為國家關切的根本重心，也就不足為奇了。學界之所以較少關注晚清的農業政策，箇中原因就在於研究者總是將注意力偏重在工業化的經濟政策指標；唯有當這些農業政策之於晚清政治經濟體制的重要性受到某些作者認可並被納入考量，它們方被當作是近現代的，也因而被當作有別於之前的傳統政策。例如，魏文享研究1924至1949年間的農會，就是從傳統鄉村機構和近現代組織形式之間的對比入手，這些組織原來是在清朝的最後十年隨著商會一同設立的。他主張，由於鄉村機構的傳統形式是奠基在親屬關係或地緣關係上，並且其組織者是當地人民而不是國家，因而缺乏更宏大的結構；此外，它們也欠缺能把官員給拉進來談判交涉的任何法律基礎，反而必須仰仗官方認可它們的活動；最後，它們缺乏「權益訴求的意願及目標」（魏文享，2009：28-29）。這個詮釋，隱約地在傳統／近現代、國內／國外這兩組二分法中間畫上等號，從而模糊了一個事實：所謂的傳統元素，其實存在於被標識為「近現代」的諸多形式中，就像農會那樣。毫無疑問，商人與工業企業主（industrial entrepreneurs）的組織模式影響了農會的組成設立（王奎，2008：289），但當中更根本的一點是，不管工商協會與農會，都援用了將官員與菁英團結在一起的、社會組織之政策原則與政治邏輯，這些原則與邏輯，在前幾百年的時間裡頭已經出現，而後並傳神地表現在晚清「官民一心」的說法當中（朱英，1996：52）。

　　王奎的研究觀察到的是，特別就農會而言，政府期待人民能以推廣農業教育、農學新方法、農戶間的互助合作為目的，自發地組成這些團體；更具體來說，它們實驗種子品種、從事治水計畫、組織開墾、監督收成情況與糧價並應對物資短缺危機（王奎，2008：285、

299），而所有這些事務，早在前幾世紀裡就有機構在努力推展了，只是當時它們並不叫作農會罷了。因此，不僅農會的許多活動對好幾代的官員與百姓來說並不陌生，當中不少組織形制，乃至其組成邏輯，都跟先前的慣例作法相去不遠。

除了自發創建農會的政府呼籲以外，王奎主張，推動農會遍布帝國各縣的積極作用力（active force），是士紳菁英（gentry elites）與官員的結合。農會與直接向中央政府報告的省級總會，被一起編進了一個垂直整合系統中（王奎，2008：287-288）。這個有官僚監督的垂直整合系統，與18世紀義倉及社倉所採用的形制之間，有幾個值得注意的相似處：在社倉與義倉成立的背後，原本有一套強調當地人民自願行動的修辭（這個想法可以追溯到宋代，包括朱熹在內都曾呼籲百姓成立這類倉儲），但是這些糧倉的實際擴展，仍得靠官員與當地菁英共同努力，二者之間的相對重要性依不同地區情況而變化（Wong, 1997b）。除此之外，18世紀絕大多數的食糧儲備監控，都是先由縣級、府級政府向省級官員報告儲藏情形，再由省級官員將這些資訊彙整成月報上呈，最後在中央層級完成監控（Will and Wong, 1991: 63-72）。

明清時代，中國官員以及鄉村地方菁英都盼望能齊力推動一個維持地方社會秩序的儒家式方案，雖然當中確實也有發生摩擦與糾紛的可能，但這個治理方案，仍兼具了能夠穩定社會秩序的地方機構，以及指導這些機構成立維護的意識形態（Wong, 1997a: 105-126）。如同較激烈醒目的、種種遏止鴉片的努力一般，晚清農會至少有部分情況符合這個齊心協力的邏輯（Wong, 2000），這個政治運動將菁英動員起來，將其當作官僚體制的延伸。當然，在其他時空之下的政府，同樣也依賴平民扛起原屬政府當局的職責，例如19世紀美國的德州騎警

（Texas Rangers），便屬於在缺乏大量政府基礎建設的西部邊域，指定地方正派人士協助維護社會秩序的這個慣例。菁英與官員談判交涉的傳統，對歐洲的國家建構來說不可或缺，然而中國卻是在缺乏這個傳統的情況底下發展出這種關係（Wong, 1997a: 93-101）；訴願權（right of petition）的原則以及法律辯護的實踐，形構自歐洲建構國家與市民社會的制度和意識形態，而這些制度與意識形態並未在中國發展。

　　一如商會，中國農會致力要完成那些幾百年前官員與菁英已經推動的優先事務與目標；不管商會或農會，它們都將過去較不正式地進行的事務更加正式化了，並且吸收新技術、新方法來處理那些源遠流長的關懷考量。諸如作物的科技資訊以及新技術的提倡，都能被看作是以往農業推廣教育方案的一部分而受到農會接納。這樣的嘗試，甚至能進一步擴及至世界博覽會的參與上——中國政府精心挑選了特別的農產品到會場上展示（王奎，2008：302）。舊有的措施雖構成了更廣大的模式，但由於它同時對改變抱持開放態度、保持靈活彈性，新的措施便能夠成為它的擴充或補充。農業創新發展與散播宣傳，和推廣工業的努力並肩同行。這兩者間的關鍵連結，便是向來遍布鄉村並成為小鎮特色的手工業：它們的產品加入了新式工業商品的行列，在那些運用大型昂貴技術的都市工廠中生產。

三、中國的工業：從手工到工廠，從鄉間到城市

　　我們能指出清朝末年的產業推廣當中有一些不可能在一百五十年前就存在的元素，但與此同時，在這些推廣的努力當中，還有一些跟昔日措施強烈呼應的特色；如果我們一心只找尋新措施，就會忽略這些特色，而它們並不會因為在過去已經出現過，便必然是比較不重要的。晚期的大清國嘗試在帝國內各個角落蒐集有關產業生產的資訊，

這個努力所仰賴的一個關鍵，就是工藝局的建立。如同明清中國官員所建立的其他垂直整合系統，工藝局計畫致力在帝國內超過一千三百個縣中分別設局，並要省級的局收集轄區內的資訊、上呈到中央政府去；而也如同晚清政府所做的其他嘗試，成立工藝局須借助官員與士紳們的共同努力（王奎，2008：217）。這些事務局的負責範圍——領域涵蓋了紡織、染衣、木工製品、皮革貨物、漆器、刊物生產以及彩色印刷——包含引進海外的技術，但又不侷限於此（王奎，2008：221）。此中並沒有什麼是近現代、什麼是傳統的清晰關鍵分別；傳統事物正被近現代元素改變，而不是一竿子全汰換掉。

　　1904年，由工藝總局集結而成的關於在北方直隸省設局的紀錄《直隸工藝志初編》（周爾潤編，1904），清楚說明了工業與鄉村生產的整合情況。這份報告的第一章描述了有關產業生產資訊的彙整原則，聲稱「工產無論貴賤粗細大小多寡」皆須包含在內。中國北方到一九二〇、三〇年代，仍繼續以同樣的認識方式來描述當時諸多情況。如定縣這個地方——不只因為在此地進行的農村生活研究，它也因為那些受美國慈善家資助到西方求學的中國人在此地鼓吹各式改良、改造而知名——有一份鄉村產業調查，重申了手工生產的重要性。根據這份調查估計，在共四十萬名的工作人口中，有約一萬五千名男性以及超過六萬五千名的女性在家庭裡參與產業生產工作（張世文，1936：1）。就整個中國大北方來說，鄉村的手工產業看似是整合進季節性的農業勞力需求中，然而這種連結並不必然代表手工業就會在家裡面進行，因為在英、法兩國製造業的早期階段，也都有和農業勞力的需求規律一致的季節性生產模式（Sokoloff and Dollar, 1997; Postel-Vinay, 1994）。就中國的某些案例來說，鄉間農戶的紡織產業，可以透過採納海外技術而蓬勃發展。比方說高陽縣這個地方，它不只

是中國共產黨1932年首次嘗試成立的北方根據地，同時也是一個棉紡織業繁盛的縣分；使其繁盛發展的要素之一，就是採用鐵輪織布機（iron gear loom），這個技術係自日本引進、在中國複製以供鄉村紡織戶使用。這些紡織戶的貨物透過中國北方商業網絡銷售，這個網絡將它們與變動的市場供需牽連起來，而它們則用生產各式各樣的棉製商品的方式來回應調適（Grove, 1975; 2006）。

　　江南地區的手工業演變，則異於上述中國北部的案例，原因在於主要位在上海的都市型工業創造了一個大不相同的經濟脈絡。歐美的工業化經驗以及二戰後形成的經濟發展理論，都使我們充滿自信地把鄉村等同農業、把都市等同工業。從這個觀點看來，上海以輕工業（諸如織品、麵粉、火柴、食用油等等）為基礎而發展的都市工業，很可能會讓我們預期鄉村手工產業的消逝；如果再加上那些批評帝國主義強權以進口商品取代在地貨物的聲音，那就很難有理由期待江南手工業能夠在近現代都市生產以及外來競爭的雙重夾攻下存活。儘管如此，根據江蘇工資的數據資料，可以合理地論證，經濟成長不只發生在上海都市中心而已，它更遍及了地方鄉鎮，這些鄉鎮數百年來都生產著手工業產品並透過密集的市場網絡出售（Rawski, 1989: 299-307）。

　　江南地區的江蘇省，其紡織業之生意盎然可見於《江蘇省實業視察報告書》。這份報告書是1919年春天省政府調查縣級經濟活動的成果，在該書的「工業」一節裡，可以看到各個縣分所呈現的各種不同情況（江蘇省長公署第四科編，1919：267-301）。有的縣在小鎮裡設有幾座工廠，當中有些是官辦，有些則否；而在其他沒有工廠的縣裡頭，有的則有一些被稱為「民間工業」的非工廠產業。這裡的「民間」一詞，在其他脈絡裡代表著政府活動以外的非官方活動，又或者，在另外一些脈絡中意味著諸如民俗藝術、文學、舞蹈等通俗流行活

動。江蘇省政府的調查辨識出了一種非奠基於工廠的「工業」類別，它指的是那些被民眾視為是物質生產的、以常被稱為「民間」的文化生產（cultural production）方式所從事的手工業。於是，這個調查記錄了那些在上海都市工廠製造業的成長中倖存下來的民俗工業（folk industries），也就是說，當其他鄉村產業已經被它們與都市產品的連結給改變了的時候（如鄉村棉紡織業因為與機製棉紗的連結而產生轉變），有一些像是製扇與縫製米袋的手工業繼續堅持了下來。

　　費孝通是在倫敦求學的中國最知名的人類學家，在其1939年出版的著名英文研究《江村經濟》（*Peasant Life in China: A Field Study of Country Life in the Yangtze Valley*）一書中，強調鄉村產業對江南農村與小鎮的重要性。費孝通隨後在1957年發表了一篇文章，批評一九五〇年代鄉村產業滅絕，該文章所陳述的觀點，必須要等到二十五年後他再次提筆書寫這個主題時，才被接受而廣為流布。於是，在1989年，當中國國內外已經有可能體認到，鄉村工業對於改革開放時期（reform era）中的工業擴張來說逐漸成為一關鍵要素的時候，費孝通這些文章乃連同其他稿子英譯而集結成冊，以《中國鄉村發展：前景與回顧》（*Rural Development in China: Prospect and Retrospect*）為題名出版。20世紀晚期的鄉鎮企業爆炸般地成長，在通常採用新技術的小工廠為環境的背景底下，製造了一系列各色各樣的輕工業消費性商品；這些公司僱用了大量過去未充分就業的勞工，透過各種管道募集資金，並且在一九八〇年代替這個國家貢獻了半數以上的產業成長值，直到一九九〇年代仍持續發揮重要性。不像費孝通，許多中國國內外的觀察家，在考察中國近期經濟轉變時都沒有察覺到，中國過往的鄉村產業模式，與直到20世紀末期的鄉鎮企業增長，兩者之間有一個清楚的連結。新自由主義市場觀點簡單地將這個變遷視為是從專制壓迫的政府

手中解放後的市場成長之自然結果；有些詮釋鑲嵌於對那些推廣鄉鎮企業的政治情勢更密切的評估之下，則往往著重地方黨員幹部作為關鍵行動者的角色。以上這兩種觀點，都不太能夠解釋如何及為何會出現這個更恢弘的產業變遷模式。

　　當然，要思考鄉村產業增長之所以有可能發生，我們不可能不把黨國政策不可或缺的重要性考慮進來，好比當我們思考直到20世紀中期潰滅為止的曾一度欣欣向榮的手工業時，不可能忽略國家政策在其瓦解中所扮演的根本角色。1978年秋天中央批准了農業政策變更，拉開了改革開放的序幕，然而懷特（Lynn White）針對上海地區的研究，記錄了早在這個序幕被正式拉開以前，城市外小型產業企業的成長。懷特解釋，一九七〇年代早期，上海地區的官員們為了取得他們在當地企業投資人心中的公信力並進而恢復政治正當性，決定允許企業向鄰近縣中能生產原料的工廠求援，好讓它們可以在國家計畫的限制之外，追求一些額外產量（White, 1998）。倘若沒有20世紀頭幾十年中都市和鄉村產業之間持久而多元的連結，這事恐怕不可能發生。這些連結又是隨著晚清的政策締造而成的──這些政策將鄉村工業視作一種工業活動的形式，認為它不但可以直接提升農業人口的物質福祉，也是中國工業化進程中的一個關鍵要素。

四、晚清中國的財富與權力

　　自一九八〇年代以來，中國諸多經濟發展模式之間存在著至關重要的連結，但這些連結卻因為我們一心專注在某些特徵上而每每被忽略掉。箇中原因，很大一部分是因為那些特徵較接近在我們心目中被認為是重要變遷的表象，它們與其他我們更熟悉的歷史中的某些特徵相似，而這些歷史又主宰著我們對其他社會（如中國）的觀感；因而，

假使我們能穿越表層，從當今的既成地貌向下挖掘，便能夠揭露經濟變革何以在中國以前所未見的速度和幅度發生的部分原因。但是另一方面，整體上的中國政治經濟體制——更精確點說，特別是它在晚清的形構——和其他我們更不陌生的若干政治經濟體制之間諸多相似之處，也常常並未獲得充分理解。在近代早期歐洲許多地區風行的重商主義，其中一個基本理念是，財富與權力為國家建構者所追求的雙重目標。政治領導人皆致力以生產更多、外銷更多以便積聚更多金錢的方式，使自己的國家更富有、更強盛，這些對金錢與資源的渴望與追求，便同時透過經濟與政治兩個途徑表現。國家和各國商人，皆致力於壟斷殖民地貿易以及如香料、糖、茶葉等近代早期新商品的來源，近代早期的歐洲國家建構者連同商人階級，在各國間進行了一場政治與經濟競賽，為歷史轉變動力（historical dynamics）的關鍵元素提供了動力。這個歷史轉變動態，現在我們已經將它一般性地視為近現代國家的形成，以及資本主義的發展。

　　晚清追求財富權力的目的，確實是要讓中國這個國家以及中國經濟更能夠和西方國家經濟並駕齊驅，然後讓中國能更加強盛繁榮。但基於兩個基本的理由，我們卻誤解了它們的努力：首先，我們用來衡量晚清政治經濟體制的標準，適用的是在19世紀歐洲誕生的國家與經濟體制，通常和重商主義的邏輯無關；其次，我們尚未用明清時代中國政治經濟體制之政策、政治優先性的立場為考察角度，來充分解釋晚清政治經濟體制和19世紀資本主義式或近代早期重商主義式的政治經濟體制之間有何不同。

　　以工廠為基礎的產業，在實現財富與權力的雙重目的中同時發揮作用：重工業讓國家更強盛，輕工業則為消費市場製造商品。因此，晚清政治經濟體制的成分中，便有一部分既包含對帝國主義的明確

回應，同時也確認並擴展了先前對新式經濟活動所嘗試接納的領域範圍。由於渴望藉著成立新工廠及官僚職缺來回應外來挑戰，遂加重了需求開銷，這意味著近代早期「量入為出」的經濟準則將轉變成為「量出為入」；換句話說，國家的支出需求驅使官員創造一些新的開源機制來聚積資源，而非以撙節開支的方式來適應可用的稅收收入。中國在19世紀晚期面對的這個難題，事實上和那些近代早期歐洲國家建構者所面對的很相似。一如那些國家建構者（確實也如同早先的漢代與南宋官員），晚清官員倚賴商業稅收收入；他們還學會了利用貸款、發行債券來籌錢，而這些籌錢的機制，最初是由歐洲人策畫以便汲取國內財富資源並開發國外金融市場。在中外政治經濟交涉之下，產生了諸多前所未有的難題以及種種制度選擇機會，使中國政治經濟體制在許多地方發生了改變。而這些新出現的特徵，卻主導了我們看待晚清情勢的觀點，以至於我們幾乎未曾想過，這些努力與嘗試，實際上屬於一個更長遠的規畫——在這個規畫裡，中國政治經濟體制的基礎，始終都還是過去那些以國內為範圍所關懷的議題。

我們所習以為常的對比——20世紀頭十年中的中國人，要不鼓吹改革，要不鼓吹革命，還有少數人仍觀念保守地堅持從固有社會文化當中回溯——帶來一套過於簡便潦草的選項，它忽視中國政治經濟體制當中的基本開放性，能夠容納、調適像是工業化的種種新措施，以達成政治領導人再熟悉不過的那些目標。除此之外，為了將晚清政治經濟行動者的觀點加以定位，歷史學家供應了一份選項菜單，這份菜單卻未能將官員與菁英之間流動不居的關係，放在中國歷史與社會的理解中充分脈絡化；相反地，它在其上強加了由歐洲歷史經驗所鍛鍊而成的典範，在這個歐洲經驗裡，國家與市民社會的分離——當然，實現方法因地而異——是近代早期以及特別是近現代國家建構的

重要特徵。

　　中國治理的方式，是期望能夠對一些社會組織與活動發揮影響力，甚或獎掖提攜它們，使它們能在某時某地相當獨立自主，但同時又能隱約維持著被利用來實現官方所制定之目標的潛力。不管我們觀察的是商會還是農會的角色，晚清官員都假定，這些機構和國家擁有關於優先事務的同一套議程。雖然晚清官員們確實疏忽了都市和鄉村機構之間迥然有別的經濟利益，但學界一心搜尋競爭與衝突的例子，以致於未曾考慮官員與菁英經常扮演互補角色的這一情況，也同樣是誤入歧途甚至更不可原諒的——因為，選擇一副聚焦在歐洲現象上的透鏡當作分析中國措施的基礎，根本不能期待可以看見一幅鮮明清晰的景象。我們已蒙蔽了自己，無法理解晚清政治經濟體制是如何在一邊回應帝國主義的同時，一邊確認那些長久以來政治優先事務中的基本信念。那些在提升平民物質福祉這個邏輯當中致力最深的人，並未讓自己陷入任何國家衰頹的糾結修辭中。相反地，他們清楚地知道——甚至比大多數後來評論他們回應帝國主義之努力的人都要來得清楚——這種種的嘗試努力，只是一套更恢弘方案的局部內容，這套方案在昔日為帝國服務，而在將來當帝國不復存在時，它仍然會繼續影響政治思考。

　　如果釐清中國官員、知識分子與經濟菁英如何理解他們所身處的情勢以及面對挑戰時所付出的努力，不只對歷史學者理解中國個案來說相當重要，它同時也是一種方法的範例：這個方法要重新形構一些途徑，讓社會理論能超越巨型結構分析（其缺陷已在二十年來的批評中被確認），進而能夠了解歐亞各帝國之政治命運、它們的轉型對其治下社會所造成的影響，以及在各別帝國境內發生和遍及歐亞大陸之經濟變革的邏輯。

第五章

將中國歷史整合進全球史

　　國家與宗教關係、財政措施和工業化等三個主題，各自獨特揭示一套中國與歐洲之間在各種作法上的相似與差異。致力於同時評估相似與差異，則有助於我們避免太簡化的期待，以為世界各地與日俱增的連結將孕育出更加齊一均質的世界。聚焦於比較世界各地政治上、經濟上及文化上的作法，能使我們對多元分殊的理解更為清晰精確：人們過往已能組織他們的政體、經濟活動和宗教表現，而這些鮮明對比的歷史特點又如何有助於我們了解，後繼的諸多模式並非只是作為樣板之單獨一種歷史可能性的各種例證。儘管自近代早期至近現代時期，世界各地之連結已日益密集，我們的當代世界仍是由這些地區所組成，而各地近代早期之各種歷史將影響我們全球的未來。

　　前幾章的三個主題分別指出，中國歷史上的文化、經濟及政治的種種作法如何影響當代中國的一些特徵。現在該想想：將我們對中國作法之理解整合進更大的經驗證據庫，如何能夠重新形構全球史中的幾大主軸——這些主軸在習慣上向來是以屬於歐洲的證據為依據。我將重溯工業化、財政措施及宗教與政治等主題，試試看它們如何有助於我們重構那些今日習以為常之關於近現代性的大敘事（master narratives of modernity）——亦即資本主義的發展及民族國家的形成。藉著先前的章節，我將指出中國的歷史變遷敘事如何供我們修訂那些大敘事，而且不致失了抱負，以為無法再歸納出一些一般原則，藉以

構思一套可操作且可理解的敘事。

　　本書已探討的中國敘事，其中包括的歷史上各種作法明顯早於19和20世紀中西關係，也早於西方思想與制度對中國作法的影響。在時空脈絡下試圖評估歷史上特定的作法，是史家的標準工作；但在評估世界上非西方地區之過往時，我們傾向於暗示或明示地根據它們缺乏哪些我們所理解的歐洲特色，藉此詮釋它們的處境。在中國史研究中，一個歷久不衰的經濟問題便是「為何中國沒有創造出資本主義？」或「為何中國並未率先達成工業革命？」。彭慕蘭（Kenneth Pomeranz）在他廣為流傳的《大分流：中國、歐洲與現代世界經濟的形成》（ _The Great Divergence: China, Europe, and the Making of the Modern World Economy_ ）中著重以煤及殖民地這兩大要素作為解釋（Pomeranz, 2000）。他強調英國煤礦的有利位置便於提供工業化能源，且英國能從美洲取得便宜的棉花。他指出的這兩個要素，一個區分了經濟上較為先進之歐洲地區與中國相應先進地區的差別，另一個則指出英國與世界其他地區之連結及其特質，而中國的先進地區相對於此則缺乏類似的連結。

　　儘管《大分流》之副標題提及歐洲，彭慕蘭實則聚焦於為何是英國而非中國某些地方發生了轉型、造就近現代世界經濟。關於英國特定的經濟發展途徑，彭慕蘭強調便宜美洲棉花之可得，以及煤礦與工廠選址之地理遠近。另一種說法便指出，就始於棉織品（cotton textiles）的英國工業革命而言，還有其他國內特點以及國際貿易關係也至關緊要。英國的國內特點是高工資，國際貿易關係則是該國進口印度棉織品。英國棉織品生產商無法與超廉價勞力生產的工藝品競爭；它們必須投入資本，藉著新科技的發展來提高勞動生產力，方能與印度工藝生產競爭。單是高工資不足以刺激投資棉織品機械，否則同樣有高工

資問題的荷蘭，照理說也會試著朝向機械製織品而發展；而英國實是想取代印度棉織品進口。要解釋工業革命為何從英國紡織工業開始，高工資以及想達成進口替代的欲望是兩大深遠原因。蒸汽機需要煤來產生動力。科技史學家稱蒸汽機的發展為「通用目的技術」（general purpose technology，簡稱為GPT），能支持更高的生產力水平（levels of productivity）並創造新產品。新式生產製程蓬勃發展，以及鐵路在陸上、蒸氣輪船在海上帶來的運輸革命，都是來自蒸氣動力。工業革命造成經濟轉型，是由於蒸氣動力，而非生產棉織品。

我們若想像一個英國人並未試圖創造紡織生產機械的世界，那兒應該還是會發展出蒸氣動力科技，而且要不是發生在英國，就是發生在荷蘭的某處（那裡後來在1830年成為比利時），後者確實也曾發展蒸氣動力科技。這些新科技之發展是西歐的現象，首先用於紡織品而非其他商品，只是針對英國經濟的特殊需求罷了。換言之，工業化也可能先發生於歐洲大陸而非英國；對此，英國的煤及殖民地就沒那麼相關了。再者，歐洲大陸上主要煤礦的分布也有助於發展蒸氣動力和鋼鐵工業，並由此帶來新的生產形式（forms of production）。中國比較不可能發展這些科技，因為它的低工資經濟，需要運用較多勞力而較少資本來生產各式產品（如棉織品）。中國人並沒有如英國人那般的高需求，想以機械取代人力來生產紡織品；中國人的科技變遷也不如歐洲人那樣多，至於其中原因，學者們則仍未取得共識。造就工業革命的關鍵要件是屬於歐洲而不只是英國，至於專為棉織品所做之創新，還不如蒸汽機來得重要。

科技史家和經濟史家已能重建科技創新發生的社會與政治脈絡，但即使歐洲的社會和經濟脈絡顯然支持科學和科技的發展、誕生新的生產形式，仍然很難證明唯有歐洲的這些脈絡才能產生這些發展。

更甚者，我們必須區分兩件事：一是刻意發展新式科學科技；二是由於歐洲人追求其他目標並提高了這些發展的可能性，而造成非預期的科技發展。羅森塔爾和我曾論及歐洲的戰爭把工藝生產推進了都市，如此獲得更多保護以免於在鄉間受戰爭之害。雖然起初因為食物供給更貴、預期餘命（life expectancies）更短而使勞力變得昂貴，但同時城市裡的資本利率（interest rates on capital）也較低，因為貸款的協商、監控和收集都很容易。結果，相較於住在鄉間的中國工藝品生產者，歐洲工藝品生產者由於位在都會，整體而言有較大誘因運用更多資本及較少勞力（Rosenthal and Wong, 2011: 99-128）。蒂切科（Mark Dincecco）和奧挪拉托（Massimiliano Onorato）近期彙整出的資料顯示，飽受戰亂的都會地區及隨之而來的經濟成長率之間，有著清楚的實證關聯（Dincecco and Onorato, 2018）。霍夫曼則指出，軍武生產的投資報酬（returns to investment）高於其他近現代早期的工業，不過歐洲人之所以投資於此並非因為利多，而是為了打仗（Hoffman, 2015）。戰爭帶來的正向經濟影響並非刻意得來；在漫長的戰爭時期，戰爭打斷了經濟活動，對於無法負擔戰事的輸家所面臨之財務問題，這一經濟影響的重要性還更為迫切且負面。

　　近現代經濟成長之起源為何，以及在藉著運用資本密集的生產形式來提高勞動生產力的過程中，工業化扮演了何種關鍵角色，這些都迥異於另一個問題——解釋近現代經濟成長是如何及從何處散播。因諾貝爾獎得主諾斯而流行的一種強勢說法是強調制度（institutions）的重要性，包括有助促進經濟發展的政治制度（North, 1990）。1900年以前發生工業化的地方，其空間分布顯示工業化確與西方政治制度有關——我們可以看到，所有非西方社會（日本除外）都還沒開始工業化。關於日本的例子，有些學者主張該國領導人採用了西方政治制度

和經濟措施。但當我們把目光移至20世紀，尤其20世紀後期諸如台灣、南韓及新加坡發生經濟成長時，都尚未實施類似西方自由民主的政治制度，那麼前述的主張看來就越顯得有問題。在千禧年之交，中國並未發生削弱黨國專制的政治變革就維持經濟成長二十年，成為相當顯著的例子：散布在遼闊領土上之廣大人民，並不生活於西方式代議民主制度下，卻創造了經濟成長。關注於西式政治系統之有無或許在我們看待1900年時仍有意義，但到了2000年則似乎遠沒那麼必要。

　　基於歐洲歷史經驗而來的制度模型，對我們理解近現代政治規範有其重要性，此為一說；與之並行的說法，則是關於國際資本主義經濟（international capitalist economy）的因地理空間區隔而產生的分工（spatial division of labor），妨礙了近現代經濟發展。非洲和亞洲的許多地方，變成生產西方工作者及產業所需的農作物和資源；在這種分工之下，這些地方甚難工業化，因為對這些地方來說，提供初級產品（primary products）而向西方購買工業產品反倒比較划算。諷刺的是，日本可能正因為缺乏西方想要的初級產品，而提高了經濟發展的機會。日本發展出了近現代化的棉織品生產力，並在中國和東南亞部分地區開創了出口市場，其獲利則用以向西方購買工業資本財（industrial capital goods）、發展額外的產業。西方沒有需求日本的農產品和天然資源，意味著日本在追求工業化和拓展市場時能夠更自由。

　　日本的經濟成長在20世紀初開始蓄積能量，因為日本國家為了協助鼓勵工業發展，補貼科技發展，設下工業進口關稅，並開創東亞貿易的區域集團，日本殖民地所生產之作物和工業原料便由此提振其國內經濟轉型。我們將日本在二戰前的經濟發展視為東亞地區的典範：建立一個工業部門持續成長的區域經濟體，其下以堅實的國內小型勞力密集工廠生產與貿易為基礎，其上有政策及予以支援的國家，

其外的殖民發展則與國內的產業發展互補，更因不必臣服於西方主宰的國際貿易與金融系統而得以相當自由。關於日本經濟發展中最重要的特徵，專家們並無共識。有些人強調它作為發展型國家的角色，推行政策以保護幼稚產業（infant industries）而有利該國財閥（zaibatsu）取得財務成功（Johnson, 1995）。另有人提出迴然有別的說法，強調小型勞力密集產業而來的經濟發展，不同於在歐洲和美國所見之較為資本及資源密集的工業化途徑（Sugihara, 2013）。從小型勞力密集產業由下而上，以及發展型國家由上而下等兩種視角，我們可以結合日本經濟發展中這兩大特徵來申論：在這兩種視角之間，日本財閥恰好居於中介位置，獲益於有利的國家政策，並調度許多小型工廠產能和較大型的重工業製造力。

　　儘管中國在20世紀後期的政策和制度有所不同，但是國家政策和小型地方層級的經濟活動組織確有類似的互補性，可見於第四章中回顧的村鎮產業現象。此外，大型國營企業擁有的市場影響力（market clout），相當類似於日本主要成長期中的工業集團。我們很容易地傾向於這樣認為：這些案例連同台灣的經濟發展軌跡，呈現出具東亞特色的發展途徑。但若看看美國和德國這兩大例子，西方經濟發展是如何讓它們在19世紀後期站上經濟強勢地位，我們或許就不會步入上述想法了。

　　19世紀後期美國經濟的特色是在鐵路、鋼鐵和其他成長型產業（growth industries）中打造了重大的資本主義財富，這些產業則是由占據結構性位置的少數大企業所掌控，與日本財閥和中國國營企業的位置很類似。不過，美國經濟也有另一著名的特色，那就是以農人和小型企業組成之富裕中產階級為基礎；對這個階級而言──借經濟史家帕克（William Parker）語──「自由」實則指的是經濟自由，而因此

與富足（plenty）相關（Parker, 1991: 308）。與自由和富足之中產階級互補的，就是一小群有權有勢的工業及金融資本家，後者掌控了經濟體中最有動力的成長機會。美國政策與眾不同的性格，其中心在於代表自由富足的人士如何訴諸民粹情緒，與此同時有權有勢的的人士則在鞏固經濟和政治上的菁英地位。雖然德國在19世紀末、20世紀初的政治修辭及制度與同時期美國政治形成對比，其中仍有類似的經濟布局，亦即上有大型資本主義者掌控重工業和金融部門，下則有生氣蓬勃的商貿經濟（許多小型農場及工業企業便是由此茁壯）。類似19世紀末、20世紀初德國以及美國（我認為也包括日本）的這種經濟故事，中國改革時期中的情形，已有洪源遠（Yuen Yuen Ang）的謹慎分析（Ang, 2016; Wong, 2016a: 376-409; Wong, 2016b: 146）。

　　從橫跨20世紀的工業化暨經濟發展最成功的四大案例——美國、德國、日本和中國——之中都能看出類似的特點，而同時它們之間也能看出重要的差異。有些差異顯示了，若只將經濟發展視為複製當初英國的工業成功，並不適當。這四大案例之內各自政治經濟體制（political economies）的特定表徵也頗不相同。沒有任何單獨一套由高度積極的個人及團體在社會中所創造的、由上而下的政府政策或制度，能提供一組真正的工具，用以開創近現代經濟成長；20世紀這四大橫跨東、西方的近現代經濟成長案例，全都能夠在對經濟轉型大多有益無害的各式政府政策下，讓關鍵的經濟原則得以有效運作，從而調配資源以提高產能並促進交易。如此勾勒美、中、德、日經濟發展特點之異同則顯示了，在各國脈絡下，成功所需的獨特條件本身就與各種國際經濟與政治關係交織；一道考慮這些案例，便能有助於修訂關於近現代經濟變遷的解釋，亦即所謂其他國家都必須模仿歐美模式才能取得經濟成功。這般取徑的效力是相當局部的，而這種片面觀點

也忽略了一些東亞案例中至關重要的元素；這些元素則顯示，在這些成長進程中，有別於西方成功故事之差異，可能和它們與西方相同之特點一樣重要。

　　與以上觀點相關的是，若要修正歐洲中心式的近現代國家形成敘事，亦可思考中國在脈絡、政治優先性（political priorities）以及制度安排（institutional formats）等面向上頭與歐洲呈現的對比。儘管它們在許多歷史時刻都共享一些特徵，但它們也同樣經常顯現相當不同的特徵。如第三章所討論的，中國和歐洲的財政措施是在非常不同的意識形態暨制度脈絡下發展而出；究竟這些脈絡下的何種元素，對於推動財政措施在不同類型之間變動是不可或缺，仍未有定論。我們傾向於想像，其他國家的財政政策必須仿效歐洲率先開創之措施才能成功，並因此將「財政成功」與「擁有類似西方的措施」畫上等號。然而實際上，中國的財政史以及公共財政一方面與其他地區顯示出恆常的差異，而同時從20世紀至本世紀，那些負責中國公共財政的決策者很顯然研究並學習了西方和日本的財政措施。但是，中國或其他地方的這類變遷之所以發生，很可能只是因為有些公共財政政策和措施，能夠運用借自他處的技巧來有效地變革，且不必改動公共財政所置身之更大的意識形態和制度環境。1994年所發生的更大財政變遷是針對特定的挑戰，要恢復中央政府的兩種能力：一是對成長中的經濟徵稅，二是指定下轄各級政府的徵稅權力和責任；這些變遷都不是為了要仿效西方規範而推行。然而，根據歐洲政治意識形態及制度之歷史而來的期待，以及其他在特定意識形態下將公共財政之政治與經濟理論連結起來的期待，仍慣於被西方社會科學用來評斷世界上包括中國在內其他地區的作為。

　　《當代中國鄉村缺乏代表制之徵稅》（*Taxation Without Representa-*

tions in Contemporary Rural China）是研究20世紀後期中國鄉村地區徵稅問題的傑出著作，其書名就表明了這些問題該用何種規範標準來探討（Bernstein and Lü, 2003）。該書本身談及地方政府加重農民稅賦時的掠奪態度；而同時我們知道，各地方政府正陷入鉅額負債，因此政治代表制是否為解決中國地方財政災難的必要關鍵，並不那麼清楚。政治代表制的邏輯，也與經濟學家的公共財政理論中市場選擇的邏輯相結合，這一說法是由諾貝爾獎得主布坎南（James Buchanan）及其共同撰稿人圖洛克（Gordon Tullock）所開創（Buchanan and Tullock, 1962）。有些根本性的假設是關於國家及其人民的協商，中心存在著利益本位（interest-based）的政治；而當經濟學討論公共財政時，認為市場解決方案（market solutions）永遠優於政府出資的財貨和服務，就和上述的假設相連結了。如此說來，地方公共財政（local public finance）才是最佳的的公共財政，因為這樣人民才能票選出他們願意納稅負擔的公共服務和財貨。從這般原則可以看出，有些公共財是存在於地方的空間規模以外，比如國防和全球暖化。但是，「以投票代替市場購買」的原則似乎隱隱預設著，人民願意繳費給政府所提供之服務，跟他們願意在市場上購買商品及服務是一樣的，而想要以少換多甚至免費享受的念頭，則道出了搭便車問題（free rider problem）。用投票為公共財籌資也預設著，人民能夠在政治上有效地選出他們偏好於購買的整套公共財暨服務「套餐」（bundle）。最後，這還預設著，各別選民基於自以為的個人利益所選出的公共財，會反映出這些公共財暨服務的社會成本效益（social cost and benefit）；或說，所反映出的社會成本效益不僅限於以地方社群為准，還包括全國規模。否則，頗受偏好的公共財政經濟邏輯就無法解釋國家中央所徵的稅，而中央政府是當代社會中最大的稅務債權人。

　　看看當代世界的國家我們便發現，財政體制（fiscal regimes）的光譜也相當廣——有些更為倚重個人所得稅，有些則是銷售稅；企業投資的競爭則導致有些國家訂出對產業有利的稅收政策。大國——中國、歐盟和美國為世界三大政體暨經濟體——的稅收政策也很多變：在美國，公共財務在聯邦政府系統中按各級政府而分成若干層級；中國的狀況一直都很不同；而正如第三章結論中所言，歐盟的制度也有別於其他國家。歐盟當然並非一個主權國家（sovereign country）而是一種混合型國家（hybrid state），其中各民族國家仍保留某些形式的權威，但許多規定都約制著所有會員國。單一貨幣但不同財政政策，使得國家的全國經濟政策一部分受歐盟規定影響，同時又留給各國政府一定的決策空間——精確的權威劃分則一直面臨協商和修訂，偶爾也受到各會員國公民對歐盟的大力反對。無怪乎中國、歐盟及美國的財政系統如此不同，但似乎未有清楚的理由，認定此三方中何者的制度應作為其他二者的規範；反之，更合理的作法是比較它們的異同，並辨識各自的技術強項和弱點，由此深入思考它們之中有哪些正面特質能為另二者所採納。

　　全球史總試著含括那些通往當今各種公共財政體制之條條大路；這種手法的意涵，就有別於既往理論通過關注工業化及近現代經濟發展所得出的意涵。關於工業化，我認為，即使特定的政策和制度在這些成功的國家裡不盡相同，但凡是與特定經濟體制度之強項互補的國家政策，在漫長的20世紀間都發揮了作用。一般通則化的歸納若顧及它化作現實時的條條大路，就能讓我們擺脫解釋近現代經濟成長的單一化敘事，進而它也就能指出一種元素，讓我們開展出修正版的社會理論。就公共財政而言，這比較不是概括描述由上而下的政策和由下而上的措施之間的不同關聯，而更是指出一種可能性：「最好」的公共

財政會因各別國家的政治意識形態和制度而不同——我們可以辯道公共財政應該公平且有效地代表每個人的利益，但這些標準到底是什麼意思，可能會隨著制度的能力而定，亦即如何反映全社會之偏好，並落實組織性成本最低、瀆職行為（malfeasance）最少的選擇。若要為政治變遷提出更為通則性的主張，並肯認公共財政是一套更大議題的一部分，我們可以思考，大眾對體制滿意度的何種評估能指出該如何比較意識形態上和制度上截然不同的體制。

　　近期東北亞及東南亞相關調查研究引人矚目的發現之一，便是生活在各別較不民主而較為極權的政體下之人民，表達了較高的滿意度（Chu, Pan and Wu, 2015）。公民滿意度反映出他們眼中政府工作的效能，以及政府有多能代表其公民的利益和偏好。人們做出這些判斷時，有多明確地想著公共財政議題，我們並不清楚；但也可能在人民無從過問賦稅之價值的社會裡，公共財政和稅務的相關顧慮並不那麼重要。對於民主和威權政體下人民滿意度的差異，一個可能的解釋是，生活在威權政體下的人民較不習於思考個人利益而更常思考社群、集體或社會利益；他們在評價政府時，或許更重視政府效能這一範疇而非是否滿足某種關於個人偏好。相應於此，政府原則上就能夠比較不受利益團體影響，進而比較能夠界定出更廣泛的公共利益；當然，威權政府也比較缺乏制衡力量避免它們為裙帶關係小團體追求利益。但是原則上，這種狀況不一定如我們預設的那般嚴重。

　　確實，我們在經濟史上所見的那些成功打造近現代經濟的國家，它們創造集中財富的新來源並**同時**[5] 提高許多社會階層的生活標準。或許更廣義而言，獲得民意支持的威權政權也能滿足其菁英和一般百

5　　譯註：強調處為作者所加。

姓，就像成功的資本主義個案那般創造出非常富有的經濟菁英以及富裕的社會。差別在於有錢人變得何等富有，而財富集中的狀況也已經有所變化：過去幾十年間許多國家裡財富都更為集中，此即皮凱提（Thomas Piketty）廣為討論的著作《不平等經濟學》（*The Economics of Inequality*）之主題（Piketty, 2015）。對照皮氏就法國不平等現象的長期歷史觀察，我們便能指出當代中國家戶所得不均的程度是何等顯著，這狀況在共產黨統治的頭三十年是無法想像的（Xie and Jin, 2015）。從類似的角度看來，民主或威權社會在不同的歷史時期是如何形成，或許各有不同，但假若類似於我們討論經濟方面時的說法確實存在，那應該不是根據多威權或多民主來評斷一個政府的成功，而是考量人民的滿意度水平如何，以及有無可能一併考量政府效能而不僅根據民主參與程度來進行評估。

政治科學已經發展出政府效能的評斷標準，而這些標準所根據的制度原是歐洲歷史上所開創，之後散播至世界其他地區，始於以往白人移住民殖民地而後納入其他殖民地；日本則是在19世紀最末三十年間引進西方制度來進行政治組織的國家之中，唯一未受殖民的。第一章曾提到，全球治理指標創造了六項數值指標分數，根據問卷受訪者的調查，算出代表一個社會之治理品質的數字。哥德堡大學（University of Gothenburg）政府質量研究中心（Quality of Government Institute）亦已創設享負盛名的政府質量資料集來處理十八個治理相關主題，所根據的105種資料來源可謂驚人。研究者可以選定各式主題的資料，這十八個主題包括：教育、能源與基礎建設、環境、健康、司法、勞動市場、媒體、移民、政黨與選舉、宗教以及福利等等。絕大多數主題可被歸類成三大非常籠統的範疇：政府及受政府影響之部門的制度（例如選舉和媒體）、政府產出的結果（例如教育和福利）以

及影響政府之挑戰和機會的現象（例如移民和宗教）（Dahlberg et al., 2017）。各組內項目彼此關聯的程度，比不同組項目之間還緊密。假如我們把政府的「產出」——例如教育和福利——想成類似工業化那樣，也是由上而下政策和由下而上措施兩方面之間的關係所造成，而非特定一方之特質所決定，那與其將政治體制放入從威權到民主的連續光譜中，我們還不如多思考，威權和民主的組成成分彼此間是如何互相影響各自的本質並由此互相關聯。換言之，所有的體制都結合著威權和民主的特性；我們不是要尋找理想的混合，而是思考在不同的地方這兩類特點是如何彼此關聯。如此做的結果之一，就是我們能夠提問：就威權與民主兩類成分之間關係而言，東亞的政策所體現之幅度是否有別於西方；而與前三章更為相關的是：僅限於比較中國和歐洲，我們能夠思考這兩個地區之政治空間是如何組織的。一如在工業化的例子中，相似與差異吸引我們辨別清楚，究竟某一狀況中的最佳措施對其他狀況有無意義。很可能真正的相似性並非簡單的形式相似，而是體現著更為普遍的通則，就像我所指出由上而下和由下而上的措施之協作，並由此推動工業化。如前述，藉著納入更多種材料並修正我們的方法取徑，我們所撰寫的全球史或能得到改良；經由這般努力，我們能夠修正我們對政治系統如何變遷之了解，尤其是關於一些根本的、通同的議題，而不會預設某個或某群國家的經驗必然可充作全球規範。

　　中國和歐洲各自形成的政治意識形態及制度都不同，宗教是如何組織的也不同（此為第二章主題）。我們應該預期，這些差異造就了此二地區政教關係的獨特運作方式。在歷史上，中國的國家容許特定儀式行為規範的多元宗教實踐；這些行為創造了文化與社會的身分認同，並與帝國緊密相繫。歐洲的多元政教關係則促進了各種法律之

出現。除了我在第二章探討的這些差異之外，歐洲一神中心的超越型的宗教（transcendent religion）和中國各式彼此交錯的宗教實踐與信仰——這些有時與根據儒家經典著作的支配性哲學論述互補——之間，還存在著更基本的本質差異。儒學不僅為個人所用，也廣及其家人、鄉里和至關重要的國家本身；儒家價值影響著國家所考量的輕重緩急，因此中國早有的官僚統治（bureaucratic rule）總是異於西方概念中的官僚統治——西方官僚的強項在於執行決策的能力，而這些決策背後的選擇往往是透過政治運作所決定，所根據的標準則不同於價值中立之官僚應該重視的標準。對西方而言可以說，先有政教分離，才能想像出官僚國家——它無法像中國歷史上那般同時兼備宗教和官僚性質，而中國的國家如何對待宗教亦受自身宗教與官僚間的關係影響。

今日中國國家看似與西方國家大不相同，是導因於早先政教關係的後續影響，這關係歷經20世紀後半的演變，成為關於國家之道德權威的公然世俗（共產）斷言；較之其他近現代世俗化的主張，中國的狀況還更像是儒家主張的德政（moral government）。當我們根據歷史來評斷中國的政教關係，並觀察這如何形塑出中國政治思維的認知圖景（馬克思主義便是作用於此），中國的和西方的世俗國家之差異就相當明顯——儘管它們看起來都是世俗國家。像中國這樣的世俗國家中一直留有一種預設觀念，認為國家就是或至少應該是道德權威的來源；如此即顯示，當代中國分隔宗教和政治時，便會在國家的治理方法上產生一種真空，因為它缺乏關於重大價值的信念承諾（commitments），對於政治該教化並維持何種社會也缺乏願景——近代早期中國國家面對宗教與治理時的方法，都有這些要素相伴。

自由民主社會所設想的善治大多是就程序而言，而非實質；確保程序裁判利益矛盾時能維持中立，也確保人民能夠自由從事他們想

要的活動，同時在一定範圍內保護他們的安全免受他人暴力傷害。這些對自由的保障，其歷史是源於確保自由免受政府對人民生活之專斷且無憑據的干涉；國家傷害其公民的能力，就跟為人民謀福利的能力一樣嚴肅。當代中國關於善治的思想也包括了討論西方在政治和經濟範疇裡如何理解善治，但此一尊儒的國家自有關於善治的歷史傳統，確信善治的實質方案是將人民物質福祉的追求繫於道德社會秩序之成就。雖然藉以理解物質福祉和道德社會秩序的論述範疇（categories of discourse）與先前幾世紀已頗有距離，但是對於國家而言提振物質福祉與政治正當性（political legitimacy）之間的關係，在21世紀初的以下這種信念中呈現得相當顯著：相信只要中國黨國維持國家經濟持續成長，就能獲得人民支持。

　　如果只用中國和歐洲這兩大案例當作基礎，思考如何區分兩者的異同並藉此了解何為通則、何為特定，在概念上的限制就是非常容易把其中一個視為熟悉的、預期中的，而把另一個當作外來的、不尋常的。自20世紀後期以來，從人文學科到社會科學的許多學者都為此感到憂心，但正如第一章提到，我們尚未做出足夠努力來修正社會理論的大傳統，而這傳統就是以前述這種基礎建構出我們對世界的認識。前三章和過往拙作聚焦於中國與歐洲之比較，目的便是要修正上述那般慣常的比較方法，看看如何能做得更對稱均衡（symmetric）且更小心；考量到西方各國歷史對今日世界有著根本的重要性，以及中國人在世界上日益突出的政治與經濟地位，這樣的研究聚焦應尚屬合理。加入第三個大案例當然更能釐清差異的程度多大，並指出應該承認哪些特質是更為普遍共享的。但是，這類方法論上的舉措有其實作困難，因為一則必須對三個案例都有充分且實質的熟悉認識，二則要能批判地檢視那些再現（representing）此三案例的學術著作，三則還要有

效形構出這般作法所指向的未來發展，而不僅止於暫時性的提議。

　　我將簡要帶入一些非伊斯蘭專家的觀點，來討論中國和歐洲的政教關係，由此指出如果更全面、更系統性地進行研究可能取得何種成果。自一九七〇年代後期中國經濟改革以及伊朗革命以來，這個挑戰我們理解力的世界已因中國崛起而發生經濟變革，也因伊斯蘭國家（Islamist states）的崛起而造成震動；我們以往為了理解西方主宰的世界秩序而採取的認識，都無法輕易含蓋這些現象。我已經建議過，無論就歷史或今日而言，區分出世俗國家而把宗教視為個人信仰或社群活動對中國而言並不如對歐洲那樣有意義。中國無法透過有意義的方式達到哈伯瑪斯式的後世俗國家，因為它從未經歷過世俗國家的這種狀態：刻意避免將其政治願景及正當性，奠基於道德領域與物質世界之間的連結上。我有各種不同的理由好奇，伊斯蘭國家的出現豈不表達了另一條道路：世界諸地區所發展出的許多國家都迥異於中國和西方，它們的政教關係從未如近代早期歐洲史那般清楚地發生分離。缺乏制度性的分離並不代表宗教總是發揮著中心或支配性的影響力、定義著政治的優先性及程序，但也確實指出，早在伊斯蘭國家出現之前就一直存在著一些意識形態上和制度上的空間，讓各式的宗教理解（religious understandings）得以動員信眾從事政治計畫。當然，伊斯蘭之所以透過各種方式為政治活動灌輸（在有些地方則充分浸染）道德意義和身體暴力（physical violence），就是因為這個世界在政治上和經濟上都受西方支配，也只能被理解為（至少部分是）對西方製造之全球秩序的回應和挑戰。而中國的經濟崛起也是對西方的回應，且日益被視為對美國領導之世界秩序的一種獨特威脅。中國、西方和伊斯蘭國家的政教關係中，其意識形態上和制度上的組成成分都不相同。這些國家的政教關係都受一系列的張力所影響，這系列張力則包括了各種異

同──假如只根據我們所理解西方社會的爭議地帶（contested terrain）來思考中國或伊斯蘭國家，我們必然錯失了一些更具普遍意義的理論命題，這樣的命題有助了解到各國所具有的不必相同的，但總不脫離歷史進程中的政教關係之下產生的潛在可能發展和嚮往價值。

「從全球歷史觀點來比較並連結世界不同地區」這般工作之重要性，指出在我看來未受肯認的一種全球性影響，亦即歐洲在近代早期的擴張以及在19世紀時的中心地位，影響了近現代政治和經濟系統之創造。我要談的是一種特點，它已演變成今日全球處境中難以根除的特徵──世界上各地人民已蒙受此環境中對立與衝突所帶來的不安及危險之害，而使人難以想像一個免於受此困擾的未來。長久以來學者們已經指出，近代早期歐洲的戰爭活動如何締造了這個地區的民族國家。有些人認為這般經驗應該作為世界其他地方國家形成過程的典範（paradigmatic），包括建立財政體制，這方面我則已藉著檢視中國財政措施而做出批判。有些歐洲統治者藉著中央集權而磨鍊其手法，運用經由政治而組織的暴力來與其他鄰國統治者競爭，同時也有其他歐洲人朝海外輸出他們的暴力科技而征服美洲居民、推進並發展非洲奴隸販運，以及維護他們涉入亞洲貿易網並發展新式國際貿易。在世界史上，軍事暴力早就是政治競爭的一項特徵。但前文引述霍夫曼的著作《歐洲為何征服世界？》（*Why Did Europe Conquer the World?*）──這一書名頗為貼切──解釋得很好：歐洲人對軍事暴力的投資並由此而來的政治利得，遠大於較早其他政權的政治領袖（Hoffman, 2015）。但是歐洲運用軍事暴力的一種特殊方法，是把它當作進出亞洲商港的商業工具；暴力被引入商貿──荷蘭和英國的東印度公司這些海洋時代商貿大資本玩家，也獲得政府授權動用軍事武力以建立在亞洲的貿易優勢。如此匯合軍事武力和商貿活動的歷史進程，就發

生於歐洲國家開始以商貿取代彼此征戰的時期，這是赫希曼（Albert Hirschman）的名著《激情與利益：資本主義走向全面勝利前的政治論爭》（*The Passions and the Interests: Political Arguments For Capitalism Before Its Triumph*）教我們的（Hirschman, 1977）。近代早期歐洲在商貿及戰事上的區別，後來變成近現代政治與經濟活動彼此分立的基礎，但是軍事議題一直都不僅是地緣政治論述的一環，它也存在於經濟發展的脈絡中。儘管資本主義式利益競逐貌似志在以商貿取代戰爭，實則向來都是靠政治權利才得以維繫。

19和20世紀全球影響力最大的分別是大不列顛及美國，它們都融合了經濟財富和政治力量；正是基於承認這種融合，才有了19世紀「不列顛治世」（Pax Britannica）以及20世紀「美利堅治世」（Pax Americana）的概念。它們在當時都擁有最強大的軍事力量，並以此為要脅來擴張並保衛它們的利益，而這些利益並不純然是政治上或經濟上而已。透過政治而組織的軍事力量亦伴隨著德國於19世紀後期至20世紀的經濟崛起，進而對歐洲其他地方構成威脅，一如日本在亞洲之崛起也扶植了政治野心以及後來施於鄰國的軍事暴力。雖然德國及日本的戰爭野心向來被視為悲劇性的錯誤，人們對英國和美國霸權（hegemonics）的看法則較為紛雜，最常聽到且廣為接受的則是強力倡議此種形勢有何優點。然而，就運用軍事武力求取經濟和政治利益而言，美、英和德、日最根本的差別只在於成王敗寇罷了。所有這些個案造成的處境都有一項根本特徵，那就是使用軍事武力來求取政治和經濟利益。軍事武力是資本主義發展以及歐洲民族國家形成共通的面向，而就是在這基礎上，一個西方領導的全球政治暨經濟秩序才如此倚重軍事武力。

一旦近現代全球政治與經濟中軍事武力的歷史在實證經驗上顯得

清晰可見，我們就已經了解到經濟和政治各別該如何運作，而不會讓
軍事武力扮演如此重要的角色。在經濟上，我們辯道市場競爭是讓人
人皆大歡喜的美德，而協調運用資源和產品的方式是如何有助於創造
高效多產的經濟。面對中國的經濟崛起，西方（尤其美國）的政治人物
和評論者害怕隨著此般崛起而來的政治威脅。中國堅持在鄰國間居於
支配地位而引發的地緣政治焦慮造成新憂，但這些憂慮絕少引起人們
反省英國或美國在近代早期歷史上是如何透過權力而創造支配地位。

　　近年來，中國與世界其他地區的包括貿易與投資關係在內的經
濟版圖已顯著擴張；它在非洲及拉丁美洲的舉措讓西方政治及經濟領
袖頗為驚恐，遂立刻批評這些舉措有違它們認為的適當原則，而構成
這些原則的法則在二戰後已有所改變。中國提出「一帶一路」倡議，
目的在改進基礎建設以提高歐亞及非洲間的運輸貿易量；有些中國人
認為，這基本上是個並無重新制定全球地緣政治關係之企圖的經濟計
畫，而且是一個不同於西方以往作法的開發途徑，不像19世紀的殖民
主義及不平等條約，或延伸至20世紀的資本主義跨國公司，讓已開
發國家更富有而許多窮苦人民的生活幾無改變（Shi, 2014）。尤其美國
的政治及經濟領袖特別提防中國的意圖，對立衝突的可能性也快速上
升，但相較於此，美國、中國及歐洲（包括俄國）應付彼此、應付鄰
國以及應付伊斯蘭世界人民及政治的能力，則沒有同樣顯著的提升。
假如中國人真的證明自己能透過「一帶一路」形構出經濟發展的一種
途徑並加以落實，進而改善世界上較為窮困地區的物質條件，他們也
很可能一面成功打造中國古代政治眼光中認定的必要條件——中國古
代政治眼光通常重視人民的物質福祉，並認為這是通往道德社會秩序
以及正當統治的途徑，另一面則滿足為貧所苦的地區所需要之基礎建
設發展、使它們蒙獲市場交易之利，而這是許多經濟學家所強調的。

我並非要主張應該用別的眼光來取代我們看待當代議題的歷史視角；
反之，我是在提議，關於如何藉著檢視歷史來修正影響我們未來的途
徑，我們可以得出不同的理解。

　　為了突顯為何歷史對於我們面對今日的挑戰和構思未來都息息相
關，下一章將討論過去人們的利益和信念（interests and beliefs）是如何
影響了他們的行動。釐清利益和信念在歷史上是如何一起驅動政治和
經濟的轉型，便有助於我們更有意識地設想，多元和共同的利益及信
念在未來變遷型態之形塑過程中可能扮演何種角色。

第六章

人的能動性

利益與信念之表達如何構成我們的政治、經濟及文化

　　社會理論試圖解釋我們來到近現代的條條道路，而我們對社會理論的廣泛了解之中，就包括前幾章檢視過的一些大規模關係、結構及歷史變遷過程。現在，我想將焦點從中國與歐洲的大規模歷史比較移開，轉而思考在我們的認識中，人們的利益及信念是如何影響政治過程（political processes）、經濟變遷和文化承諾（cultural commitments）。這會將我們導回前幾章的主題，但取徑上則側重個人與團體的能動性——人們據此採取各種行動、造就了大於他們個人的歷史。經濟和政治中關於利益追求之設想，相應也提供了觀點以觀察政治和經濟的交集和區隔。當我們思考，信念是如何穿透於宗教之中，宗教又如何間接注入（inform）政治和經濟，我們便能發現信念與政治及經濟的交集，而政治和經濟正是統治者、官員及其治下臣民逐求利益的地方。在檢視過這些題目並將它們連結回本書先前章節的主題後，本章最末將探討當代對環境的關懷：人們如何透過他們在政治、經濟及文化上的實踐來表達（express）利益及信念，是由某些歷史因素所形塑，而我們可從這些歷史因素的角度來思考環境課題。

　　市場在人類歷史各處對人們產生的吸引力，是來自人們追求自身物質利益所得到的好處。斯密（Adam Smith）曾提出著名的主張，認為個人在市場上追求利益能帶來更大的社會福祉，因為人人都能因市場交易而獲益。斯密的普遍獲益邏輯是基於勞動分工（division of labor）

的物質優點，並不需要任何個人有意識追求更大的普遍益處。「勞動分工帶來的好處不勝枚舉，但它原非由於任何人類智慧已先行預見並意圖成就此般普遍富饒而得以實現。它實是人類天性中一種傾向之相當緩慢、漸進卻必然的結果，該傾向——易此換彼、互通有無——本身則不見如此廣大效用。」（《國富論》第一冊第二章〈論促成分工的原理〉）

分工使不同形式的交易變得既可能且可欲（desirable）。只要市場仍有許多買家及賣家，他們之中任何個人或小團體便無法控制價格或操弄市場以牟獲額外利潤。當社會中大量人口都身擁相近的資源、技能和機會來使用市場時，交易會讓他們都透過差不多的方式得益。但是古往今來的社會極少具備這些條件。假如資源分配和技能並不平等，那麼人們在市場中的投入和所得也就不平等。理想的社會條件是人們大致上擁有相近的機會可施展各種技能並取得富饒之資源，這曾經發生於近代早期的白人移住民殖民地。市場得以蓬勃發展成鼓勵經濟成長之基本建制，最佳的事例便是這些由西歐移民組成的社會。然而，市場之為經濟成長來源的地位，在工業化開始後有所改變，因為成長益漸繫於提高勞動產能的科技創新。

至19世紀晚期，在化學、鋼鐵和鐵路等新興重工業中的公司，規模就其市場而言都算大，也因此市場中眾多生產者所獲得的利益分配，就不可能與19世紀早期時相同。19世紀晚期的成長主要意味著所有人固然得益於市場的好處，但某些工業鉅子及金融家的獲益會遠較大多數人為豐，因為工業的經濟已經是資本主義式的了。如我在第五章中所論，19世紀晚期至20世紀初期成功的工業化經濟體——美國、德國及日本——都有一特徵，亦即發達的市場體系，規模較小之公司的大多數產品都按照供需原則在此中流通，至於快速成長之新興

產業部門裡的少數大公司若未受政府約束，則能藉由支配主導市場來影響價格。

19世紀晚期的人可能在追求利益時，相信藉由市場可以達到「自由與富饒」（freedom and plenty），比如當時的美國人就是這般形象。然而，一如工業資本主義不僅為各別消費者服務，它還可能擴張資本家的財富並一飽國家的軍武胃口。藉著分工來產生市場交易並由此促進個人利益之追求，這幅原本簡單的圖景，也因國際和國內貿易之差別而變得更加複雜。既然各種貨幣之間的相對價值可能改變，跨越多種貨幣就不僅擾亂國際貿易，還間接影響國內的供需狀況。因此，19世紀晚期國家及其公民的經濟利益，就不僅是表達於市場上的個人利益如此簡單。農人、工人、實業家全都對他們的政治人物產生各種期待，要讓經濟政策對他們的需求有利。

19世紀晚期工業資本主義的第一次金融恐慌造成了大西洋兩岸的經濟蕭條，當時的整套經濟建制與19世紀早期頗有差異。公司之間形成產業聯盟（cartels）與整併（mergers），使得資本主義式經濟無法按照未受少數行動者團體操弄的理想市場原則來運行。此種經濟力量（尤見於美國及德國）會同時獲致批評和辯護，也毫不令人意外。組織化的勞工運動之形成則迫使政府思考，官方要如何認定何謂可取的勞資關係。19世紀晚期美國社會對大企業的敵意催生一種盛行的期待，認為需要政府管制來約束許多人眼中既貪婪且有害、犧牲大眾以累聚暴利的資本家血盆大口。人們無法僅靠使用市場而滿足經濟利益。他們必須透過政治手段來捍衛這些利益、向政府提出要求。

在19世紀的民主政體之前，不同的人民群體就已能向政府表達他們的利益。近代早期的歐洲統治者們會與他們的菁英協商以提高歲入；雖然具體的制度機制各有不同，相同的原則是菁英們確實在國家

增稅的額度和手段上有發言權。歐洲不同社會中與王權磋商之菁英，其背後更大的代表邏輯（logic of representation）則是基於普遍相同的認知，亦即王權與菁英的利益有所不同；菁英們必須保護他們的「自由」（liberties）免於受王權侵害。伴隨著國王威權在近代早期日益鞏固，菁英們也愈加捍衛其權利和特權。國家（state）與菁英間的利益區隔則在19世紀產生了變化。此時，在統治者與菁英間原先的對立關係之上，浮現出一種國家理想，讓國家在彼此競爭的社會利益之間擔任仲裁。但是，政府在社會利益的競爭中究竟該做何抉擇，並不易斷定。市場可以容許個人利益彼此競爭而使人人在市場中獲益。政治之中則沒有如此運行的理論原理——人們今日常講「雙贏」局面，基本上是讓各方取得對自己有較高價值、對手則較不珍視的所得，結果乃對一方有利而對另一方損害較小，如此化解衝突或競爭。

　　當利益被設想為信念時，概念上的妥協空間就緊縮了，因為在信念根深柢固到不容妥協，甚至對社會構造的特質及力量有根本重要性時，便很難甚或不可能容忍異議，遑論達成妥協。政治體越大、對邊界外的連結越開放，政治就越不可能根據共同信念來進行，而得仰賴競爭利益間的妥協。不過，在共同信念和利益競爭兩者間，雖然部分政治體認為某些選項可完全替代前者，但這些選項仍忽略了一種可能，亦即以並不基於共同信念的共同利益當作政治決策的基礎。我稍後會探討，基於共同信念的共同利益對近代早期中國政治之重要性，以及這種利益對近代早期乃至其後經濟措施的潛在影響。而若要更能明白我們是何等難以設想這種情境以及為何如此困難，便值得思考學者們是用何種方法解釋利益與信念在近代早期歐洲政治經濟史上是如何運作。簡言之，我們想像近代早期歐洲諸社會是由不同的政治及經濟利益所組成，而菁英和大眾兩邊的文化及信念則存在著鴻溝。這些

差異並間接勾勒出19至20世紀更為民主之政治體及更為工業化之經濟體的外廓及內容。

研究近代早期歐洲國家形成的學者曾申論道，統治者想要提高歲入以利征戰，而菁英和一般人民則否（Hoffman and Rosenthal, 1997）。戰爭勝利對統治者最有利，因為所獲之領土及資源不必與他的臣民分享。但若統治者戰爭失利，代價和損失則由統治者及其臣民一體承擔。近代早期統治者與臣民之利益區隔被視為理所當然，但近現代的情形則遠不如此明朗，因為民主的政治意識形態主張由人民選擇他們的統治者以為他們的利益服務。然而，近現代國家及其官員顯然仍有屬於他們自己而與公民不同的利益。公民方面，他們自己之中便存在利益競爭，而期望政府會顧及他們的考量。人們期望國家在社會上的利益競爭中做裁判，並在更廣泛的國際上捍衛其「國家利益」（national interest）。至於近現代時期國際競爭的成本與效益，又與近代早期有多大差別呢？軍事勝利不再直接由國家受惠了，軍事行動的代價和成果則依不同程度分配在社會中。特定產業由於為政府生產軍武致富，而承受戰事摧殘之衝擊的則是年輕男子。至少直到20世紀中葉以前，參戰決策中廣義的地緣政治邏輯（geopolitical logic），仍是由對財富及權力之爭逐所驅動。後續的武裝衝突才開始涉及較窮且較弱勢之人群對各強權的反對及抵抗。

除了我們在界定政府及公民各自利益範圍時碰到的麻煩之外，光是這般區別本身就是民主社會的基本特徵，確認了古代政權下菁英之精神、捍衛自身「自由」免受統治者之侵害。不過，人民固然傾向於限約國家方面的要求和鞭長所及，但這卻無助於解釋他們自己的利益競爭要如何透過與市場邏輯相仿的方式解決、獲致對社會最佳的結果。近現代民主政權主張的政治正當性，是以施行多數公民支持的政策為

依歸，且公民能用選票汰除不符民意期待的領導人。人們並期待，成功當選的官員應該代表支持者的利益。但即便這個程序不受特殊利益團體之遊說（lobbying）所染，它本身也無法說明民主政治是如何在彼此競爭的群體、團體或階級利益之間駛過萬重山，超越特定當選人之支持者的利益，達到更廣大國內社會利益的彼岸。市場中個人利益的競爭有益於更廣大的社會利益，這概念相當清楚，但政治上沒有任何邏輯展現出相同的清晰度。

　　在近代早期，社會較不複雜，政府也不必面對太多彼此分立有別的利益。然而，一旦某種群體、地位或經濟差異出現，國家就必須決定如何處置各種社會差異。當初打造歐洲國家的統治者們，無論他們與菁英協商的能力對於他們的成功有多重要，都不是根據滿足臣民利益來宣示其政治正當性及權威。在17世紀，正當性是君權神授而來，君王是否履行了統治者的職責，也唯有上帝的宗教權威能夠裁斷。對國王權威之排拒以及諸共和國（republics）之建立，乃將權威的基礎從神授治權的信仰，轉移到以滿足公民利益為依歸，並由公民選舉出統治者。我們可以透過構成個人與國家間關係的整套權利及責任，來理解共和國中公民身分（citizenship）的政治邏輯。此一邏輯原發展自近代早期統治者及其菁英間的協商措施——為了在國王與皇后的神授權力之外另闢蹊徑、供菁英和統治者彼此協商利益，而發展出的意識形態暨制度之資源。「君王或人民」這組選項——借班迪克斯用以描述從世襲君王到民選領導人之權力轉移的語彙——所勾勒之政治正當性基礎的劇烈變遷，意味著統治之授權來源從以宗教信仰上的君權神授宣稱為根據，移轉到以人民主權（popular sovereignty）為基礎（Bendix, 1978）。

　　在歐洲，正當性的基礎從宗教轉移到世俗，導致了正當性之根基

從宗教信仰移轉到世俗利益。韋伯將這變動描述為揚棄克里斯馬式權威（charismatic authority）而支持法理權威（legal authority）。法律創造過程規則，決策以及人民利益之裁量便是透過這些規則而行。中國在1911年帝制告終時則沒有發生類似的轉型，而自公元3世紀漢朝覆亡以降，其帝制統治形式之重建和變革已有超過兩千年的歷史。此一過程較之公元5世紀西羅馬帝國滅亡後政治空間長久的碎裂狀態，形成了強烈對比。透過君權神授的教義來創造國王正當性，是直到17世紀才得獲重視，此前歷經基督教體制及歐洲國家之間數百年盤根錯節的演變，其方方面面在第二章已指出過了。相較之下，中國帝制時期的歷史則形塑出了一種不同的政治正當性邏輯（logic of political legitimacy）。在中國史上，人民的利益遠比在西方更早獲得重視，地位也更為舉足輕重，而且從近代早期過渡到近現代之後仍然重要。不過，中國的民利並未像歐洲從王國過渡到共和國時那般落實到體制上。反之，人民的利益是嵌在更普遍的政治正當性意識形態之中，認為統治者及官員若無法提振人民之利，就應該承認失敗。

我們認為從近代早期到近代經歷的政治統治原則轉變與民主有關，而這個轉變包括著承認社會上相異且彼此競爭的利益往往藉著詮釋法律來予以仲裁，利益之競逐須遵循何種規則，也是法律所規定。只要國家是某一議題的行動者之一，各式協商就會發生。蒂利視公民身分為一整套權利及義務，界定著公民及其政府之關係。在民主社會中，統治者與被統治者的關係是根據一些規則而協商的，這些規則所構成的法律乃承認公民擁有其自由空間，除了所列舉出他們對國家須承擔的義務之外，免受來自國家的額外索求；相關權利則包括諸如言論自由、集會自由及宗教信仰自由等等。然而在中國，人民自由追求利益的空間，在於國家對它認為之合理行為的控制效力鞭長莫及之

處，或者國家將某些活動視為合理之時。宋怡明（Michael A. Szonyi）最近關於明朝軍事據點的研究指出，個人要追求利益，可透過穿梭在各式義務規定之中並將可得的益處最大化，宋氏並稱此過程為「游移於規章之間以套利」（regulatory arbitrage）（Szonyi, 2017）。此類狀況之所以難以與歐洲比較，是因為雙方無法共量（incommensurate）。若將它們的差異置於從民主到威權這樣的光譜上，並無法解釋中歐對照所彰顯的邏輯，因為利益之追求在近代早期的中國確實是可能的，只是透過了不同類型的體制，而這些體制之所以被視為正當，根本上是出於對治理議程之信任，因為這些議程承認人民的利益，未將之視為自有規律而與國家利益有所區隔。相信著國家的政治正當性是來自於妥善處理人民之利益，便會讓這些利益在人民極度未獲滿足時具有明確的政治重要性，人民的不滿則會釀致大規模的叛亂，乃至代表君王可能已喪失其合法統治之「天命」（mandate to rule / mandate of heaven）。在這種時候，國家未能藉著善治而顧及自身的利益，是以統治者及被統治者的利益都未獲滿足。

中國的「天命」概念常被援引來呼應近代早期歐洲君王的神聖權利，藉以突顯君王權威在世界史上之相似。但是，天命所牽涉的一套命題，並不見於歐洲的神授君權。歐洲的國王理應要遵循基督教上帝的律法，而當其統治背離了上帝律法時，宗教上並無基礎可供人民抗議。他們可以出於認為官方的行動（某些事例中則是缺乏行動）不公或不道德（unjust or immoral）而抗議，但這些抗議並不挑戰國王權威本身，而很清楚是關於人民利益以及民願之違背（Wong, 1997; 2006）。相較於此，當中國國家之統治違反了仁德之治（virtuous rule）的規範時，往往可預期中國人民會起義造反、透過他們的行動而使重申仁德原則的新朝得以改朝換代。在公元前6至4世紀，中國大陸上列國逐

鹿中原的先秦時期，仁政德治的原則開始付諸文字著作。其後，雖然公元前221年終結戰國一統天下的秦朝僅有十四年國祚，未能建立相應於帝國廣闊幅員的持久規範，但為時四百年的漢朝辦到了。早先的仁君（virtuous ruler）規範於此期間更為落實——在政治上成功的統治者，須以仁德治天下。統治者個人仁德的道德基礎與他在「利民」上的致志暨能力緊密相關，而利民最重要的便是提振人民的物質福祉。因此，改善或維持農業繁榮的政策便在這數百年間發展起來，而這個時代對於改善農民物質安穩之日常福祉的重視，則是我們或可稱為「中國式善治觀」（Chinese understandings of good governance）的根本。

　　近代早期中國國家推行許多政策，都是以提振占人口絕大多數之農民的福利為考量。這些努力是維持更廣泛社會秩序安穩的一環，而後者也是地方菁英所關心的，他們所接受的道德價值及實踐關懷等等教育，都與官僚體制中的官員同出一系；有些菁英本身便曾任官，或者原有意出仕，唯因科舉失利而作罷。近代早期中國設想政治利益的方式，顯示出與歐洲環境中迥然不同的政治邏輯。歐洲菁英奮力於保護自身特權並與統治者國王協商，而中國的菁英則更常與官員如唇齒相依般彼此協作。近代早期中國官僚體制的統治效能，一方面有賴於地方菁英協助官員建立並維繫某些在地的社會建制如糧倉和學校，另一方面（至少就帝國大多時候及地方而言）也有賴官員成功與其他地方建制——如宗族（lineage）和各種商人組織——共事以組織儀式和商貿活動，所含蓋的人口分布範圍則相當於整個歐洲。

　　中國式的政治正當性將整體民間富庶視同統治者的利益，皇帝及臣民乃利益與共。國家以常民之利為考量重心，乃與近代早期歐洲以國家為優先的狀況形成鮮明對比。不過，無論在中國或歐洲，一般人民都沒有歐洲菁英與統治者協商而發展出的利益表達管道。在先前討

論關於糧食供給及成本之抗議以及抗稅的拙作中，我申論道18世紀中國和歐洲一般人民之利益皆相仿、表達方式也類似。然而，這些抗議所屬更大的經濟與社會變遷敘事，則有所不同（Wong, 1997; 2006）。當我們仍僅僅系統性地研究歐洲的國家形成及資本主義發展等歷史敘事時，蒂利已能從近代早期至近現代的政治與經濟變遷敘事裡看出，社會上的抗議類型也在變動中。在歐洲，社會抗議的現場隨著經濟發展而改變，人民可用以追求利益的技巧，也因表達利益訴求的管道（如工會和選票）增多而更加多元。中國人表達利益的制度和機制則未有過相同的拓展。

利益及信念是如何注入近代早期至近現代的中國及歐洲政治，彰顯了此二時代中人民可採取之政治行動的基礎有何不同。歐洲人的主權從國王移轉到人民、政治正當性從以信仰為基礎到以利益為基礎，此一改變眾所皆知，而中國則沒有採取相同的轉換。但這並不表示近現代中國被困在近代早期的轉接點，仍仰賴神權邏輯式的政治正當性。與此相反，中國的政治正當性觀念比歐洲更重視人民的利益。而這些利益的重要性，則是由對於何謂善治的共同信念所確認的。當這些規範標準落空時，近現代的中國人並不享有如歐洲人那般的基礎來落實自己的需求。他們無法如歐洲人那般，與官員合作以推動讓他們協商利益的方法。反之，中國人相信他們的抗議就足以顯示，當地官員未能遵照行政規則來降低市場價格或在歉收時減稅。於是，他們靠著自己抗議，讓更上級的主管機關注意到他們的處境。他們認為官員和地方菁英應該施行善治，但除了更多抗爭之外也訴求無門。1989年春天在天安門抗議政府的群眾，他們對自身所擁選項之設想，或許大致上便是如此。

利益與信念的各種混合方式是如何包含在政治認知之中，在近

代早期的中國與歐洲以及當代的中國與西方都各有不同。文化信念注入了對政治權威的期待，而中國自20世紀晚期以來的各種危機時期和平常更為規律地進行的改革之中──此二現象是中國近數十年的特點──都可看出過去數百年間關於善治的觀念。

　　想想利益及信念之混合影響了統治者、菁英及一般人民之間政治權威及政治關係所形成的型態便能發現，近代早期中國國家所發展的官僚體制專業能力（bureaucratic capacities），比起同一時期歐洲國家還更嚴肅看待人民的物質利益。但到19世紀末，情況恰恰相反。青年男子的國民教育及軍事兵役，逐漸被納入連結著國家權威和公民的權利與責任之中。馬歇爾（T. H. Marshall）關於英國公民權利之演變的經典論著，勾勒出18世紀一般人民的公民權演變到19世紀的政治權利，乃至20世紀更多社會權利之軌跡。藉著民主政治體系創造的政治抉擇過程，人民更容易表達他們的物質利益了。民主國家為了履行利益競爭之仲裁者角色，便更加重視決策過程而非決策的具體內容、以前者為評估政治善治的衡量標準，而這套標準在中國與其他社會之套用，已在第四章討論過了。民主的政治體制因為能讓不同的利益發聲，理所當然會比非民主體制更有效率。但良藥一旦過量也會變毒藥。這些民主體系於20世紀晚期的演變中，日益明顯的一種連結，就發生在政府的決策與最善於為自身利益發動遊說的特殊利益團體之間（在美國尤其鮮明）。在界定更普遍之利益時，核心工作之一就是針對特殊利益做出反應，但自由主義式的民主體系限制了可資發展這些觀念的概念資源，因為利益與其說是關於程序，實是更關乎實質，而民主體系重視的是程序，且承認在利益上會存在意見分歧。即使宣稱要「雙贏」，政治協商的邏輯實則是要設法得出一個能承認不同利益的協議。任何一方都無法滿載而歸，雙方最終的收穫會比不協商時來得

更多。但正如前述，人們根深柢固的信念是不容協商的──他們要麼同意，要麼不同意這些信念；而若不同意，那麼唯有人們同意將彼此的信念視為私人事務而非公共事務並彼此容忍，或者產生共識並提出某些必須具公共約束力的標準，才可能容忍差異並維繫穩定。

在自由主義式民主社會裡，利益及信念構成諸多政治選項的過程，充其量只稱得上既雜且亂。而在另一相當不同的場景中，相同的評語亦可用來形容中國藉以框限利益追求途徑的那些政治信念。就本書目的而言，我僅簡單談談一個普遍接受的信念，亦即中國國家以努力提振人民利益為整體方針，有助於解釋第五章所提到的問題：為何中國身為專制政權之一，滿意度卻比其他更為民主的亞洲政權還高。民主政治政權要構想出一國的整體利益，恐怕還更困難。而就中國來說，帝制時代的善治邏輯確實是以官員提振臣民的物質利益為通則命題，並相信這符合所有人的利益。黨國政權在中國改革時期所宣稱的民意認可，也是以滿足人民對國家的期待、提振他們共享的物質利益為基礎。

利益與信念的混合也構成了我們對國際層級政治選擇的價值衡量。現實主義式（realist）和建構主義式（constructivist）兩種途徑各提供不同的方法。現實主義式途徑更常關切利益，而建構主義式途徑則側重人們如何構想出信念來引導他們的行為。許多國際關係學者試圖在這兩大途徑之間尋覓中道、援引雙方的洞見，但究竟要如何做，絕少有共識。因此，關於要如何分析國際關係，歧見也一直存在。這個分析上的困難，部分也反映著主題內容是何等含糊不清。20世紀誕生的諸多國家及國際組織都秉持不同的利益及不同的信念參與國際關係。因此，要建構單一一套概念框架來容納天南地北且各有創造能力的不同行動者，本就很困難。此外還有第二個麻煩，是關於對政治利益之

競逐本身。即便絕大多數甚至所有國際玩家都在某些議題上同意透過何種框架來處置它們的利益，仍然無法確定它們會決定如何從事競爭和鼓勵合作。

　　就經濟利益來說，新古典主義傳統十分了解，必須有一致認同的規則才能確保市場交易平順進行。諾斯開創的新制度經濟學（new institutional economics），便界定國家的角色為一切經濟活動規則的源頭。但在國際交易上，沒有任何國家能宣稱自己坐擁相同的權威。20世紀晚期出現的國際政治經濟學（international political economy，簡稱為IPE）是英美政治科學學者發展出的跨學科領域，運用經濟學、社會學、歷史學及文化研究中的思想觀念，致力結合對利益及信念兩面的關切，研究諸多行動者如國家、國際組織、企業機構及銀行。利益及信念的各種結合方式，則被用於交疊的研究途徑、觀察國際政治經濟體制中政治和經濟之追求以及政治和經濟信念之提倡。

　　相對於其他主題，國際關係領域整體而言在國際間的戰爭與衝突關係上，並沒有太多著墨。國際關係研究原是發展自分析歐洲的國家間關係及其他相關主題，例如關於歐洲人近現代展開航程、開啟殖民接觸之傳統並至19世紀達到最高點，並且還烙下了印記、使一九八〇年代以來全球化下的世界大多被理解為後殖民的景況。軍事暴力固然是為權力的利益服務，但它通常也伴隨著某種正當化邏輯（logic of justification）、基於某套認可暴力的信念。近代早期國際關係研究中同樣欠缺的，便是承認歐洲使用暴力當作推進經濟利益的新手段。海上劫掠（piracy）成為彼此競爭之各歐洲政府所認可的活動，它們的商人亦訴諸軍事武力以建立在亞洲貿易中的地位。對於歐洲之內彼此競爭的國家而言，國際貿易具有關鍵的地緣政治重要性。它們輸出經濟利益及軍事暴力到世界其他地區，使它們所處地區的衝突暨競爭形式在

其他地方成為不容忽視的力量（Wong, 2017）。

　　策略研究（strategic studies）此一跨學科領域，便是研究國際間如何尋求衝突及和平。它往往從這些議題的軍事面切入，且已是研究戰爭及其他形式之暴力乃至更廣泛國家級競爭工具的一大學術門戶。國際經濟則被看作一個受到暴力及更廣泛地緣政治不確定性所限制的體系──只要政權不穩和暴力威脅危及經濟交易的可預期性及安全時，無論貿易或投資都顯得不明智。然而在歷史上，新興的國家經濟體往往同時也崛起成政治強權，而其政治暨經濟攀升的一項特徵便是軍事力量擴張。

　　先有英國崛起為第一個工業經濟體，不列顛才可能在19世紀成為全球霸權。其海軍維護著海疆安全，並確保英國在歐洲海外利益中的領導地位。至19世紀末，不列顛已從國際貿易之龍頭成為國際金融之翹楚。英國的資本引領全球貨幣流通、提供借貸給各國政府及新興工業企業。不列顛治世之下的英國銀行也成為關鍵的建制機構：它們負責徵收中國海關關稅並撥款給北京政府，而未來的海關稅收也被當作外國借貸給中國政府時的擔保抵押。中國在1894至1995年中日甲午戰爭戰敗以及1900至1901年庚子拳亂期間八國聯軍攻入北京後所須負擔的賠款，是由中國政府向歐洲主要強權貸款以清償的。仰仗著英國打造的經濟實力，以及透過國際公約向戰敗國索取的賠款，英國領導著歐洲強權藉由軍事武力而展現政治力量，並嚴格限制了清朝晚期發展工業化資助機制的可能性。以工業化為本的軍事優勢則在20世紀發生變化，因為其他領域的工業化為日本及德國更加暴力的軍事擴張創造了基礎，這便間接促成更多資源被投入於戰爭製造，導致第二次世界大戰。

　　經濟事務上既競爭又合作的混合關係，讓國家的力量知道如何參

與到不同形式的政治競爭及合作之中，而在近代早期以降的歷史裡，這些都明顯挾帶著暴力成分。20世紀晚期，中國的全球經濟貿易地位開始拓展、成為21世紀初世界第二大經濟體，並隨著中國在21世紀初於非洲及拉丁美洲有增無減地投入資本，而涉足了金融領域。這些舉措相較於中國提出的「一帶一路」倡議（2013年秋天由國家主席習近平宣布）則更形見絀，而中國已經據此向歐亞大陸上的國家發出邀請，提議透過基礎建設發展來促進中國與其他亞洲、非洲、中東及歐洲國家間的貿易。大規模基礎建設興建工程之挑戰，可謂令人望之卻步；此類計畫在西方主導下通常是以公私合夥制（public-private partnerships，簡稱為PPP、3P或P3）進行，而往往一大工程之各部分所需的資源又各有其來源。

　　民間市場導向之經濟活動成長需要某些公共財，至於將國家在這些公共財上做的投資與市場暨營利導向的投資結合起來，這整套邏輯顯示出，新古典經濟主義經濟理論簡單劃分的公共財及私有財，在實際措施上（無論這些措施有多大問題）是難以區隔的。組織大規模基礎建設計畫有多困難已毋庸置疑，真想要大功告成則更是難上加難。是以，中國領導的基礎建設計畫有時會遭逢障礙，也毫不意外。讓成功機率雪上加霜的，是中國願意考慮在一般認為政治不穩定的地方推動工程計畫，經濟風險無疑因此而提高。中國內部應該相當明白這類風險，也明白在高風險環境中投資的政策會招致何種批評。若要推想是什麼理由在支持這種決策，便很值得參考驅動著從古代到帝制終結這整個歷史的中國政治思想：欲獲得君臨天下的正當性，必須以關照物質福利需求為道德條件。相對於要求接受資助的人們先遵守特定規則並表達特定價值及信念以證明自己值得接受投資（這是第五章所討論之全球治理指標背後的預設），先在他們的物質前景上予以投資或許

更能讓他們領會：構思倫理價值並將之落實於政治及經濟之中、實現類似中國史上理想仁德之治的那種合乎道德倫理規範的統治秩序，是很重要的。

　　中國「一帶一路」倡議牽涉的議題除了其轉型式的經濟潛力帶有高度不確定性之外，還涉及更大的、重劃全球經濟版圖的地緣政治意涵。最具體而言：美國這個世界霸權會如何看待中國崛起以及在歐亞大陸上經濟持續拓展的足跡？地緣政治邏輯會促使美國設法限制中國藉「一帶一路」擴張嗎？這些在相當程度上是取決於美國決策者選擇了何種版本的全球政治秩序及全球經濟秩序，以及在這些框架中如何認定合宜的軍事行動目標。「合宜的軍事行動」之定義本身就是根據一些信念，涉及經濟發展及國家政治利益之間的關係。

　　全球的變遷前景中，利益及信念會如何混合於政治與經濟活動裡，仍是撲朔迷離。一個樂觀的設想，是根據一些中國分析家所言，他們相信自己在打造一條經濟發展的新途徑，根本上有別於歐洲自世界其他地區擷取商品、資源及勞力的手段，且往往伴隨著以軍事武力及暴力為威脅甚至真的動武。確實，在這21世紀初期，經濟協定之制定該按照何種原則，國際間的預期標準大有可能是認為所有人必須分享獲利。此外，在關於中國「一帶一路」的討論中尚有一潛在的重要差異，至少將一部分關於此倡議之願景的詮釋觀點與西方看待援助及貿易的習慣方式區隔開。西方在實務上區隔了援助及貿易，一方面允許貿易、視之為一種基本上由市場調節的現象，另一方面則視開發援助為一種政治行動，因為後者並非基於營利考量的經濟決定，而是根據這些決定中的某些政治信念或利益。為了在當今世界中募集基礎建設開銷所需的資本，西方採取了「公私合夥制」模型，試圖橋接公與私在概念上的二元區隔。中國人貌似更輕易就組織起這類工程計畫，因

為未來基礎建設計畫帶來的益處可能來自讓中國透過預購合同保證取得產品（通常是資源或農作物），而基礎建設計畫的目的正是要更容易取得這些產品。同意進行這類工程的國家將面對何種規模的債務，仍存在相當的疑慮，但光是表達這些疑慮並不算提出可行的替代方案。「一帶一路」對歐亞大陸各地區的經濟發展會造成多大影響，以及中國及西方在基礎建設及貿易上異同，在未來會更加明朗。

　　除了藉由增加貿易以發展經濟的相關議題之外，另一問題是在中國於世界的經濟力量擴張過程中，軍事暴力會是何種角色。自近代早期以來，軍事暴力在任何世界秩序中都具有清楚且後果重大的地位。軍事暴力的斷裂性潛能向來是重大要素：過去數世紀間全球各種連結的配置布局，便是軍事暴力所構成的。要約束競爭者之間的關係，需要各種合作形式來達成公認的常規並由此促進協商及協議，而軍事武力的角色則是打斷這些合作形式，並由此形塑了國家之間以及國家與武裝政治行動之間的競爭活動。自近代早期以降，信念及利益的各式混合充斥著國際間政治關係，而軍事武力在此中也一直是檯面上的選項。中國在國際經濟秩序拓展事務上的主要視野，會如何關注此一拓展中的政治意涵？在彼此競爭的政治體追逐政治利益及信念時，除了尋找合作基礎之外，軍事威脅又會扮演何種地位呢？

　　當世界朝不同方向前進時，我們可以設想經濟變遷及政治變遷會朝何種方向。在工業資本主義之下，全球化已有兩個重大的變動。其一在19世紀，創造了以大西洋為中心的全球經濟；大多數的貿易及資本暨勞力之移動均發生在大西洋兩岸。其二在20世紀晚期，日本、南韓、台灣、香港、新加坡相繼崛起，再加上中國的經濟發展，東亞國家成為主要的生產地、構成以太平洋為中心的全球經濟區。19世紀及20世紀的經濟全球化乃呈現相當不同的面貌：國際貿易及金融從單

一享有密集經濟連結的龐大海事地區，發展成由大西洋及太平洋兩大網絡組成的全球經濟。21世紀初「一帶一路」倡議更創造了另一可能性，亦即第三個巨型地區式空間，同時透過海路及陸路穿過非洲及中東而橫越歐亞大陸。未來幾十年間可能形成的全球經濟，或許就會包括三個主要的經濟連結集群（clusters of economic connections），將人們的經濟財富緊密織連成一共享的全球空間，此中沒有簡單的核心－邊陲結構存在於先進及落後經濟體之間，而是由若干先進經濟體以及其他仍然貧窮且充滿疑難雜症的地區所組成。假若持續提高整合程度真的是未來的主導性經濟趨勢，市場導向的競爭便會產生互補及合作等等邏輯。但是，從早先不列顛治世到其後美利堅治世而來的地緣政治空間組織，其層級結構似乎並不適合設想中的這種非單一霸權中心、包括三大經濟體（美國、中國及透過歐盟而整合的歐洲）的經濟秩序。歐美之間存在著以大西洋為中心的一套關係，而美中之間則有太平洋的版本。「一帶一路」的目標之一，便是拓展中歐之間的貿易。經濟關係上的這些交疊集（overlapping sets）並不會創造任何單一的經濟霸權。既然前一個近現代地緣政治秩序之中，擁有顯著支配力量的經濟行動者同時也是支配性的地緣政治行動者，那麼要設想一種足以和全球經濟之演化性本質相稱的地緣政治架構自是困難，因為這與其說是符合過去全球經濟演化的要求，更會牽涉到與過往作法的斷裂。

　　未來的經濟轉型會如何影響全球地緣政治秩序，這問題中的深層不確定性是由於人們追求利益及信念之方法也日益複雜，至於要如何界定並走出一條能容納所有人的道路，則毫無清楚的共識。要想藉著聚焦於利益及信念來解釋經濟及政治、理解歷史上諸多軌跡如何投射到我們當今的處境，並思索我們能為未來創造什麼，有個方法是思考在從地方到全球的各層級上，利益及信念是透過何種複雜途徑而發

揮作用並影響環境議題之管理。這個題目實則與第二至第四章中談及的三大主題頗為相關。我們在經濟學、政治學及更廣泛的不同社會及文化之中所目睹經濟與環境的兩相糾纏，就是導因於當初伴隨著工業化而來、非蓄意且在預期外對環境資源所造成的破壞與枯竭。以下我將指出，自然資源之管理可能透過市場及政府發生，但也可能都沒發生，而這便提供新觀點去看待公共財政及財政關係的議題，既以史為據又聚焦未來。尋找不同規模之公共利益，會影響我們如何設想經濟及政治上的利益追求，而同時，文化信念（包括基於宗教的信仰）對環境政策的相關性，則能突顯利益及信念之間既可能互補又可能競爭的各種不同運作方式。

　　自然資源對經濟學而言不是個容易的話題，因為人們不只在公共或私人其中一方面，而是已經在兩方面管理土地及水（僅舉此二者為例）。標準經濟學提出一個概念層次的區分，在一邊是市場上交易的私有財，另一邊是無法輕易如此處理的財貨。所謂的公共財便需要某種形式的集體行動，而對許多經濟學家而言，這往往是指國家級或較低層的政府——例如國家的軍事便被視為全國的公共財，而城市及郡縣的警力和消防則為地方層級的公共財。許多曾被認為是公共財的財貨，現在則由準市場機制提供，比如，雖然像YMCA（Young Men's Christian Association，基督教青年會）、YWCA（Young Women's Christian Association，基督教女青年會）這類擁有游泳池的會員組織存在已久，但是社區團體收取會費以維護社區游泳池的狀況，在以往是由城鎮地方政府所負責。有些財貨及服務遂不經過各種市場或某個市場來調節。事實上，我們的自然資源通常是透過複合性的機制來管理，而這些機制彼此若非互補就是競爭。

　　森林地自古至今便受到三種財產制度所規畫組織。有些林地是私

人擁有，有些由政府當局管理。最後，有些則屬於地方社區，由少數
人決定如何運用。近代早期的社會中有一特徵，一直存續到近現代時
期任何有林地覆蓋的區域，那便是將森林的使用權從社區及公權力手
中，透過制度化及移轉等程序交由私人擁有。歐洲和東亞的皇室及貴
族當權者准許平民使用森林，經常是讓地方人民收集木柴，但有些地
方也准許他們取用一定數量的木材以建造住居（Tanimoto and Wong,
2019）。平民享有的這些權利在19世紀時只選擇性地維持下來，而林
地的所有權到20世紀時就完全根據公有及私有來界定了。我們今天看
到林地的碳吸收能力已經創造了一種市場，向管控商業用大量伐木許
可的單位（通常是南美洲及東南亞地區的政府）支付費用，用以保護地
球的天然能力、吸收大氣中的碳。將市場原則加以延伸、為過往毫無
市場的財貨建立價值，是經濟推理的一項勝利，延伸到它既能有效解
釋，又能提供決策的情境。

　　當我們轉而討論水這項須管理的資源，就碰上諾貝爾獎得主歐
斯壯（Elinor Ostrom）在其先驅性著作中的主題：「公共池塘資源」
（common pool resources）。這些財貨既無法經由市場來生產或調配，
交給政府負責也顯得鈍拙。歐氏及其同事認為，像水這類由人民所共
享且需要維護基礎建設的資源財物，最適合透過由下而上的組織工作
來處理，形成結社團體來提創規則以管理資源（比如水）之取用。亞洲
許多地方用水灌溉，人民必須引水並調節用量以保持穩定供水，還得
設立規則以決定家戶須繳付的費用、維護暨修繕工作如何組織，乃至
監管並懲罰違規行為。當河流沿岸有許多這類組織時，上游用水對下
游水質水量的影響所引發下游地方的顧慮，是下游當地團體無法解決
的。另外，當可能牽涉到非常多團體時，人們單單是彼此討論大規模
水利控制計畫之處理，能協調到多高程度也很有限。在中國歷史上，

這些事務就包括河川清淤以改善水流或鞏固河堤，並建造蓄水設施以承受有氾濫之虞的暴雨等等超額水量。近代早期的中國需要層級高於村莊的權力當局出面協調，而通常是由官員與地方菁英合作組織、募款並管理這些工程。此些努力雖看似往後較大基礎建設計畫之公私合夥制的前身，但在近代早期中國要完成這些工作，無須橫跨近代早期歐洲政治原則暨實踐上所清楚區隔的公共和私人兩個領域。一如我在《轉變的中國》（*China Transformed*）中關於建立地方社會秩序的章節裡所討論，官員及地方菁英都肩負創造並維持不同在地建制的責任，部分原因則是由於地方菁英所接受的書本教育，就是通過科舉出仕所需的同一套基礎知識。此外，創造社會秩序建制，同時維繫社會穩定及政治控制，對地方官員和在地菁英彼此都是有利的（Wong, 1997: 105-126）。

在20世紀，中國官員開始熱衷於科學及工程的轉型潛力，讓人類駕馭自然資源以比過往更有效地為自己的抱負服務。國民黨領導人之前就提出過重大的水壩發電計畫，而中國共產黨掌握國家後，也開啟許多非常大型的工程來創造新的電力來源，晚近並從中國南部引水以濟北部缺水之需。中國國家對水的管控，也擴及中國對東亞及東南亞大陸上供水水源的控制，因為青藏高原正是大多數亞洲主要河川的源頭（Chellaney, 2011; Pomeranz, 2009）。 中國在此區域內的任何水壩工程，都會影響遠在中國邊境之外的人民。重度仰賴源於青藏高原之水利的亞洲國家，它們建立協商機制以處理利益競爭的能力，至少一部分是取決於各方政治領導人如何找出他們都能同意的原則。間接上，那些原則又大概是基於一些信念，而可能影響上述決策的團體則並不一致認同這些信念。該區域中的國家能不能協商出一致接受的規則，這問題恐怕就跟中國「一帶一路」倡議會如何在經濟發展與成長之

實踐及期待上造成國際性的改變，是一樣困難。這類不確定性，不全是來自中國可能延展它習慣的決策方法、改變更廣泛的經濟及政治決策，另一方面也是來自西方強權（尤其美國）會如何理解甚至能不能理解，在中國崛起之後的全球經濟暨政治秩序中，它們自己的角色會如何改變。這些改變會包括動用軍事威脅和實質暴力嗎？經濟成長和政治擴權之間的連結，能否至少斷絕一部分政治及經濟競爭中動用的軍事武力？

　　中國的水源管理一方面會對亞洲地區造成更廣泛的國際影響，中央政府政策在另一方面也會影響頗為在地層級的水利管理，因為農人仍然仰賴各種系統之維護以確保他們的稻田能依作物需要而適時灌溉及排水。至於我們之中不必寒耕暑耘的人，比較明白的大概是另一些挑戰，亦即要如何理解亞洲地區大規模長期水利管控議題之演變。就人們是如何理解和從事經濟及政治的這個根本層次來說，不根據爭逐利益和信念的各種競爭性取徑，而根據共享的利益及信念來協調和協商，這些挑戰是歷史性的，因為經濟及政治領域中的規範和期望會隨時間而變遷，但最困難的往往是在我們所處的當下要如何領會可能的變遷路徑。在我們進入本章最後一個題目時便能看到，人們如何處理環境變遷，乍看之下似乎有個令人驚訝的可能性、與中國「一帶一路」倡議及資源管理等例子形成對比。

　　本書討論的每個題目，都為今日如何處理環境劣化（environmental degradation）的相關挑戰提供獨特的觀點。關於政教關係，當代大多關切在於伊斯蘭和基督教中關於既暴力又對抗之政治行動的相關觀念會被如何挪用。由於基督教的傳教傳統以及穆斯林移民遷徙而將他們的宗教帶往世界上不同地區，伊斯蘭和基督教因而在地理上比佛教傳播得更廣。佛教的宗教觀念也較少在政治衝突之醞釀上扮演明顯的重

要角色。但這些佛教觀念仍在其他方面有其政治後果，包括將宗教信仰轉譯到環境議題的處理辦法中。史衛爾（Donald Swearer）曾將佛教與環境關懷之間關係的論著區分成五大彼此交疊的類別：（1）生態辯護論者（eco-apologists）、（2）生態批判論者（eco-critics）、（3）生態建構論者（eco-constructivists）、（4）生態倫理學家（eco-ethicists）以及（5）生態脈絡論者（eco-contextualists）（Swearer, 2006）。第一類觀點主張佛教的世界觀（worldview）是對環境友善的，第二類則始於西方人在20世紀晚期，採藉佛教信仰以（他們相信可以）恢復一種本然純淨（natural purity），而第三類則藉佛教經典來提出一套環境倫理。史氏將第四類連結到修馬克（E. F. Schumacher）1973年的著作《小就是美》（*Small is Beautiful*），宣揚非暴力且單純的生活、約束過度消費的欲望。第五類則適用於亞洲某些具有特殊宗教意義的地方，人們訴諸這些地方的宗教與文化意義之神聖性，試著藉此保護它們免受商業發展破壞。人們根據佛教經典與傳統所形成這許多種處理環境議題的方式，偶爾也引導他們與政治權力當局交涉甚至抗爭，但大多時候是在他們個人或團體的層次上發揮作用。

　　當宗教動機推動地方處理環境問題時，政府則是在一種權衡得失的決策環境中設想其環境政策，考量其他政策目標，比較特定環境政策與替代選項，在經濟與政治的成本及效益之間做取捨。這類決策則說明當代環境中的公共財政是如何運作以面對近代早期和近現代時期都不曾設想過的議題。經濟學傳統上在公共財及私有財之間做出之區分，使得乾淨的空氣和水成為公眾議題，也因此較屬於前者，而非能在市場中購得的後者。同時，私人行動者的利益又可能與公共利益相悖。這些清楚有別的利益則突顯出，我們要比較公共財及或私有財之成本效益時會遭遇的困難。降低空氣及水汙染往往意味著提高生產

過程成本。商界領袖多半反對會提高成本的法規，也反對利潤會被削減。消費者也沒太多方法可以衡量他們自己的取捨：是要減少定量的空氣汙染物，還是要從市場中購得更廉價的產品。這一部分是成本效益衡量的技術問題，因為沒有清楚的市場機制足以決定這些價值。我們或許可以根據市場機制的分析思維，來比較達到相同汙染減量成果的不同方法及其代價，但這無助於消費者在汙染減量所提高的成本及減少市場消費之間做出權衡抉擇。

國家及其公民如何決定公共支出與私人支出各應負擔多重，此一問題即便其相關議題基本上是以經濟為基礎，但實際上是個政治問題。讓這些挑戰變得更複雜的原因，一方面來自於某些制度性脈絡是如何回應這些政治問題──甚至更常發生的是根本沒問出這些問題；另一方面則是大量的非政府組織代表著許多行動者，它們可能是在地方、地區、國家甚至國際層級所組織起來，而全都針對環境問題的後果、倡議自己的利益或信念。結果，就是複雜到除了局部處理之外根本難分難解，因為這許多行動者之間並不存在必然的系統性關係。比較起來，管理自然資源牽涉更多分立的層次，在空間層級的協調上也高度複雜且多變，不過仍然有些可界定的本質（bounded nature）。同樣的描述，亦可用於描述中國「一帶一路」倡議牽涉的國際政治經濟空間，而中國此一計畫在此空間中開展出的一套關係，比起那些蓄意或非刻意影響環境的關係，都還界定得更為清晰。

環境方面的挑戰之所以較容易循序處理，是因為它對行動者之間協作程度的需求，不像我們在國際政治經濟體制或自然資源管理等議題上所預期的那樣高。它有更寬的幅度，容許地方、國家及國際層級有不同的利益與信念混合方式在運作，而不受到單一運動方向造成的系統性壓制。然而同時，環境劣化牽涉的風險仍包括自然資源管理及

國際政治經濟體制等議題，所以，光是知道人類與環境之間互動方式的變遷不需要全都彼此協調，並無法給我們太大的慰藉，只要這些變遷仍朝同一方向進行、其速度足以有效減緩人類壓垮自然環境的速率就好了。

　　透過歷史觀點觀察我們的當代時刻，就能辨識出與近代早期及近現代時期的相似處。我們今天與近代早期都肯認資源基礎是有限的，而如此肯認便促使我們審慎思考永續發展可以是何意義。我們與近現代時期所共有的傳統，則是關於科技創新及其能耐如何為我們的知識帶來既有系統又意義重大的擴充，並藉以改善我們所能達到的成果。我們與近代早期及近現代共同的窘境，則為我們指出了自身時代的一項關鍵特徵。我們感覺到當代世界受到我們的環境所制約，同時我們也想像我們有潛力改變自身生命的處境。我們肯定抉擇的重要性，相信我們能改變自己、四周旁人以及未來世代的生命，並希望後者會生生不息地到來。下一章亦即最末章將會探討，我們未來必須在政治上、經濟上做出生命抉擇時，如何因加入歷史觀點而得益。

界定可行，追求可欲

　　本書已經說明，如何藉由比較來協助我們理解歷史變遷及存續的型態。第二至第五章探討了政教關係、成功國家（successful states）的財政措施以及工業化過程。針對每個主題，我指出幾組相似之處，並為相異之處提出一些解釋。這幾大主題共同提供了一些線索，這些線索將各有差異的過往連結到日益相連甚至相整合的今天。前一章已指出，利益及信念這兩大要素範疇有助於解釋人類的選擇及行動，它們彼此之間則時而互替、時而互補。該章與先前的章節相同，用意之一是要突顯類似議題在過去是如何處理的，處理方法呈現何種共通或特有的成分。但該章還探討了今日環境議題的許多處理方式，有些發生在特定的社會中而有些則跨越世界上不同地區。環境議題之所以在很多狀況中都可能處理且需要處理，部分是取決於人們如何理解，在「變遷」這回事上他們有何選擇及承諾（commitments）；他們的觀點則可能至少在一定程度上受本書已探討過的幾個主題影響——他們的宗教信仰，他們認為政府的角色應該如何、政府的財政政策在環境問題上能達到什麼成果，以及如何享受物質福祉並控制工業化造成的環境成本。什麼是該處理的問題、如何處理又最好，人們不必有共識，而這無疑是一項全球性的挑戰。

　　先前的每一章若不是讓我們警覺到，過去人們看待世界的不同方法為何重要，就是解釋了重大歷史變遷固然彼此迥異，卻又有何共同

特點。大部分章節都同時觸及這兩面。與我們身處不同時間及空間的人的經驗，仍有許多可資借鏡之處、有助於我們思索該如何構想我們的未來。但是，我們能從其他時空的作法學到多少、能將之用於我們自身環境到何種程度，則是個實證經驗上（empirical）的問題，也只能透過實驗來回答。了解其他時空中的作法是如何發展，有助於我們選擇要用何種作法來試著處理某些眾所期望的目標，例如永續成長或健康的環境。最後一章便要明確處理歷史解釋及詮釋方法的一些議題，指出我們如何藉由重新思考我們能為歷史與現今之間建立何種關係，來改善我們的社會理論及社會科學、影響我們面對未來的方法。

　　在學者和大眾之中有兩種最常見連接過去與現在的方式，一是根據連續性（continuities，或「常」）及變動性（changes，或「變」）兩個概念來理解歷史過程，[6] 二則認為歷史是建構的（constructed），是我們自身利益及信念投射到過去而得的結果。我們也透過歷史記憶或身分敘事（narratives of identity）來思考其他人如何建構他們與自身歷史的關係，而那些記憶及敘事則為今日的利益及信念賦予意義。從「常與變」來觀察過去與現在的連結，這種邏輯常簡化成替現象貼上標籤，將「常」視為「同」、「變」視為「異」，而我們往往視「變」為歷史通則。這般將議題簡化的邏輯並未肯認的是，歷史性的連結既包括導致變遷的關鍵因果機制，也包括讓相同或類似作法得以再生產（reproduction）的機制。只是，這些關係太多、彼此之間的影響太複雜，而且關係出現的脈絡也大不相同，既偶然（contingent）又出人意表。是以，我們從過去和現在之間所看出的變與常，就很可能是取決

6　譯註：「常」與「變」是譯者的額外附加，在後文中亦適時用以替代「連續性」及「變動性」。

於我們選擇了什麼歷史時刻來探究它與今日的關係。因此，舉例來說，我們如何從常與變的角度看待一九八〇至九〇年代中國的鄉鎮企業（township and village enterprises，簡稱為TVE），一大部分是取決於我們將八〇至九〇年代連結到什麼時期。如果連結到一九五〇至六〇年代，該過程就貌似意外的發展。然而，我們若從近代早期中國鄉村工業的角度來觀察同一個現象，就會發現鄉鎮企業是從較早的一套鄉村工業加上數個世紀前並不存在的新技術所轉型而來。類似的道理也適用於歷史記憶——過去與現在之間可以建構出不同的記憶，端看我們選擇根據什麼時代以及想突顯何種題旨。某些對近代早期及近現代中國史的既定解讀是訴諸18世紀，將改革時代的政治領導人連結到強大領導者的傳統。但18世紀的皇帝們同時也留下封建專制、扼殺資本主義發展以及壓迫農民的形象；他們在19世紀的繼承者則與帝國主義者的邪惡衝擊相連結而使中國變成半封建半殖民的社會——毛澤東便如此明確主張。近年，帝國主義者以及清朝「自強」的努力則都獲得重估而變得更正面了。由此可見，將過去與現在連結起來的不同敘事，是可以被建構的。

　　本書討論過去與現在關係的方法則有所不同。我已指出，中國及歐洲從近代早期到近現代時期的歷程並不相同，是因為這兩地在特定歷史時刻中的變遷可能性並不相同。據此，我們或可說，從近代早期到近現代的轉變過程中，存在著各種彼此有別的條件式路徑依賴（conditional path-dependence）。而當我們探討過去與未來的關係時，在上述條件式路徑依賴之外又還有另一要素。我們越了解過去存在過的可能性，就越能思考過去並未發生的某些可能性是否仍然與未來的可能性相關。換言之，即便過去的可能性不如它們的提倡者所希望的那般發展，它們與未來的可能性之間的關聯卻也不能因此一筆勾銷。

我們固然能夠辨識出特定案例中的邏輯，但似乎沒有將那些作法轉譯成更清楚的原則、指引我們構思問題暨可能性。以中國歷史為例，一九二〇年代中國政府曾試著根據類似聯邦政府系統，區分中央與地方層級之間的權限及責任，但實驗失敗，可是這仍為未來指出某些可能性。而即使有些觀察者也明白這點，但比起了解如何能從過往的失敗中學習，研究外國的成功案例往往還是更有魅力。外國案例之研究所暗示的是，比起了解自身過去的失敗原因，外國案例更能應用於自己的處境。但若不是兩面都研究，就很難知道何者更為重要。

　　根據曾經發生以及可能曾發生過的歷史事件之證據來辨識及解釋未來可能性，這工作是何等重要，則是此處要深入探討的主題，但在此之前，容我先處理歷史學家們所討論的一種可能性，有別於我在本章中要探究的內容。這種可能性，是由於史學家藉著提出可能的抉擇鏈（chains of choices）來解釋過去某些事件所造成的結果；一個漂亮的例子是金茲伯格（Carlo Ginzburg）的一篇論文，該文討論戴維斯（Natalie Davis）對馬丹・蓋赫（Martin Guerre）返鄉事件之重建（reconstruction），戴維斯的著作與同名電影所根據的是真實法庭案件。蓋赫離開一個法國小村莊並失聯八、九年之後，某個自稱是他的人來到此處，並被蓋赫的妻子及村民所接納，但仍有謠傳稱他並非蓋赫本人；後來，由於他向叔父索取欠款，其身分乃引發爭議並被告上法庭。他的妻子原本證實此人確是她丈夫蓋赫，法官也準備將被告無罪開釋，但當另一自稱是蓋赫的人出現時，他的妻子則承認之前接納的人實只是冒充的，假蓋赫乃被判處死刑。金茲伯格衡量的可能性，並非關於自稱是蓋赫的人究竟是不是本人，而是關於他的妻子之所以接納此人的可能動機，以便讓我們更了解她為何決定接納這個男人——她原有什麼知識，而她又是憑據什麼來做出選擇？史家缺乏材

料來源以證明特定個人在生命中諸多大小決定上的動機，乃顯示史家跟其他人類行為的觀察者一樣，是從特定的行為來推想其背後動機為何。我們在第六章中分析利益及信念，一部分也仰賴這個方法。但是該章討論以人群為單位的利益及信念時仍預設了，屬於個人的特定理由是可能超出更為普遍共享的利益及信念之外。在某些事例中，非常特定的動機或許更為重要，只是就一般而言，我們認為我們能夠辨識出某些廣泛社會現象的一般成因，例如近代早期人民為何抗議穀物及麵包價格之高漲。假如我們認為我們能在絕大多數甚至所有抗議參與者之間辨識出更為普遍的理由，我們便不在乎是否誤解其中某個人有何理由。而除非有某些材料例如法律案件中的聲明紀錄提供資訊，我們鮮能確定特定個人的想法。蓋赫返鄉的故事顯示出特定個人之行動動機是個問題，但它未能成為一個範例，連結到許多其他人所做的相同行動、供我們理解行動背後的可能理由。據此，蓋赫一案之所以不同且引人入勝，乃在於它是個非比尋常的行動，我們希望對此提出某些個人層次的解釋；而若要為行為建立可能的解釋，其挑戰不僅在於我們缺乏可藉以了解其中理由的直接證據，更在於我們沒有其他案例可以結合，供我們探討背後存在何種更廣泛的普遍通則足以視為人們的共同利益或信念、驅使他們做出同樣或相似的行動。金茲伯格為蓋赫的故事提出的可能解釋並非因為它是個案而獨特，而是因為個人行動本身就頗為罕見甚至獨特、幾乎沒有足供我們比較的類似事例。要提出可能的解釋，所遭遇的特殊困難是因為缺乏可比較的選項，而非由於我們欠缺所需的資訊以直接了解為何蓋赫夫人將她公開承認為夫君的冒充者迎入家中。

　　史家們往往有興趣為許多特定事件建構出一套敘事及其意義，但更大的脈絡是什麼，實則無法確定，而正是在這更大的脈絡中，各種

不同因素影響著更長遠的敘事之結果，特定的較小敘事也是在此更長遠的敘事中具有地位和意義。一如金茲伯格在蓋赫的故事上所指出，個人的動機總有多種可能性；此外，一位女性接受一名自稱是失蹤多年之丈夫的男人進入家門，此事會對旁人產生何種偶然的影響，也有很多種可能性。想要了解上述第二種敘事可能性，亦即蓋赫妻子的決定在某一更大的敘事中有何意義，就很需要採藉其他行動者為例、觀察他們如何透過行動來回應他們生命的處境，且其處境須與蓋赫夫人的處境相關聯但又截然不同。這些更廣大的社會敘事是什麼，而自稱是蓋赫的男人返鄉的事例在那些故事中又扮演何種角色，都是很難預測的。這第二種可能性的性質，就為我們指出了各種層次之敘事的特異性（singularity）——橫跨多年的個人敘事、她的家庭及社群，甚至身處同一政府當局下的更廣大人民，都有此性質。

　　不過，特定的敘事固然獨特，它們所賴以構成的時刻仍可見於其他許多敘事中——例如對於組成家庭的個人來說，他們都面對出生、成婚、生子及死亡這樣的生命週期，而這些生命週期事件也有某些典型特質，其中有些是生物性的，比如最低適孕年齡（minimum age for conception），其他則是社會（sociological）或文化上的，比如求愛過程（courtship）及家庭中的性別角色。這些敘事既因時也因地而異。若試著衡量相同敘事的不同變異，例如相同或世界不同地區橫跨數百年歷史的家庭生命週期樣貌，我們便擁有關於這般過程的一套全球史或世界史。而既然重建不同時代、不同地區之家庭生命的共同或獨特特徵，會涉及觀察在當代著作中研究過的類似事件，我們便擁有一種歷史，並將社會科學的理論模型及分析方法延展到歷史資料上頭。

　　人口分析（demographic analysis）便是特別成功的例子，聚焦於有限的一套相當常見之現象、將社會科學的方法延伸到歷史案例上。它

能預測特定人群的人口成長率，其第一步根據的是預期出生率，而這可經由辨識結婚率、結婚年齡、性行為頻率以及節育措施等之間的因果關係得知。結合出生率和死亡率以及移民對人口規模的影響，人口統計學家們便能比較不同社會的人口成長率並解釋它們為何有所差異。而雖然人口統計所運用的許多分析方法與經濟學及政治學研究相近，後二學科（尤其政治學）用以建立理論模型的因果命題所辨識出的因果機制，則不如人口統計學倚靠的機制那般直截明確。因此，雖然用來預測經濟成長率的模型遠比估計人口成長率的模型還多，前者仍遠不如後者精準。政治科學的主題又比經濟成長更難解釋清楚，因此，解釋不同國家之間的變異也比解釋不同經濟體之間的差異還更困難。經濟學與政治科學在各自研究主題上應用的方法，主要是想解釋特定政治體或經濟體中，隨著時間而發生的變遷以及經濟體和國家間的變異。它們解釋了它們認為在許多案例中發揮作用的各種原則，卻未辨識出導致了某些結果的所有因素並將之納入分析中。經濟與政治過程的許多因果命題往往只辨識出可能的結果。亦即，它們是說明出看似合理的可能結果，是關於可能性，而非確定性。

　　在上述關於可能性的討論中，我已強調單獨個案的兩種特徵。其一，如蓋赫之返鄉，特定事件是內嵌（embedded）在許多個人的敘事之中，這些個人受他返鄉的影響，並進而影響當地的甚至遠超出該事件直接環境以外的更廣泛敘事。其二，取得若干甚至非常多類似案例以供比較，在實務上是重要的，因為如此才能構建出在發揮作用而導致特定結果的可能因果機制。不過，我稍早在本書中所做的比較，關於近代早期中國及歐洲的政教關係、財政措施及工業化動態等等，並非同一種現象或過程的兩個案例，而是座落於各自直接脈絡中的許多事例。這些關係或過程實在都太多又太複雜而不可能簡簡單單地相

似。類似現象之比較有助於我們辨識因果機制，但要比較更大、更複雜、不甚相似的現象並找出因果機制，則遠為困難。然而，我們若想了解歷史上的可能性如何能供我們在創造可欲（desirable）之未來時當作參考，我們就必須設法找出龐大且複雜的過程中有何因果機制在運作。學者們已投入相當大的心力，試著解釋歐洲從近代早期轉型至近現代時期背後龐大而複雜的過程——本書三大主題都是這些歐洲變遷的一部分，而在中國則找不到相應的套組來解釋中國的經歷。歐洲區分宗教與國家、創造財政軍事國家以及達成工業化，這些都被我們視為造就了近現代社會及近現代世界的組成成分，但這個世界不僅包括在19世紀變得近現代化的社會，也包括其他並未近現代化的社會。

中國就是19世紀並未近現代化的國家之一，而比起在更大的失敗脈絡框架之外解釋中國究竟發生了什麼事，我們大概還有更多的說法都是在解釋中國如何且為何失敗。此種更廣大的失敗觀背後便往往包括了一套關於中國所具有的限制，而這些限制往往是由於缺乏某些歐洲的特質或西方人為中國社會帶來的負面衝擊。馬克思式的說法同時顧及內部弱點及外部介入兩方面，而受韋伯式觀點啟發的說法則傾向於強調內部限制。馬克思式及韋伯式兩種說法，除了根據近現代中國是什麼之外，也經常根據近現代中國不是什麼來描述近現代中國。亦即，中國欠缺歐洲從近代早期到近現代之歷史變遷型態中的重要特點。

一個極端是，某些依樣畫葫蘆的論著直接拿英國的標準來檢視中國，直指18世紀的中國是何等不如18世紀的英國，而19世紀中國與19世紀英國的差別更大到可憐，說得煞有介事，彷彿一個空間及人口都算小的國家有可能與一個處處受到幅員與人口掣肘的國家具有相同的特點。我曾在他處討論過，在相異大於相似的一組案例之間做比較會遭遇什麼困難，以及毫無助益的比較的問題所在：當比較英國

與中國時，基本上只是論稱中國並未與英國在政治和經濟上做出相同變化，原因則說是中國未用與英國相同的方法組織自己的政治及經濟，而這種說法似是基於一個可疑的預設，亦即英國的政治和經濟不知何故就可能轉譯到處境條件迥異的中國。我認為更好的作法，是根據眼前所見的條件，試著為歷史變遷辨識出合理的可能性。這些可能性能夠同時包括各種異同，為複雜歷史過程之更大探究工作提供線索（Wong, 2017）。

　　社會科學更普遍運用的度量標準，便是由歐美歷史經驗所導出，並且是以經濟及政治的制度為焦點。在第三及第五章中已提到，一個特別具影響力的構想是源於諾貝爾獎得主諾斯，強調英美經濟及政治制度具有的特質能如何在其他環境中成為用以訂定制度的設計原則。如第五章所指出，其他經濟學家及政治科學家發揚了這個制度性模型，以之訂出度量標準，認定何種治理方法才有利於經濟成長。原則上，善治的概念無疑應該在解釋經濟成長時占有重要地位，但既然界定善治的具體標準給了中國低分評價，那麼便無法解釋中國改革時期的經濟成就。我在第五章曾指出中國自有其善治傳統，而即便當代中國顯然採藉了馬克思主義傳統以及越來越多的發展於其他工業化社會之原則及政策，中國善治傳統對政治經濟體制之處理，其中的要素仍可能存續到當代中國。我重提治理議題是想指出，其一，我們期待在社會科學中發現善治的成因，而牽制著這個期待的，是我們如何推導出驅動著善治邏輯的命題；其二，既然根據歐美經驗的命題在界定著可欲的歷史變遷，我們就能經由試著更有系統地合併吸收世界其他地區的歷史經驗，來克服那些命題的限制。承認歐美經濟及政治發展的相關解釋在知性上無法普遍適用，並非要譴責這些解釋工作的目標，而是其方法。我們當然可以一方面希望世界上最貧困、發展程度最低

的社會能擁有更好的生活標準，同時也希望改善威權政權的治理品質。但關於各種改變在不同環境中有多大可能發生，我們的認知策略必須更完善。

　　本書採取的策略是比較近代早期及近現代的中國與歐洲，在政教關係、財政政策及工業化等方面，有何可能，又何為可欲，並藉此辨識如何及為何每個主題中出現了特定的變遷型態。前一章加入的環境議題，則突顯了牽涉對象日益多且複雜的主題有何重要：不同的議程及策略被帶進了各種情境中，影響著人類的實踐，進而影響著人類世（Anthropocene）。自然資源及環境議題也提供了思索歷史變遷的不同尺度——空間更大且複雜性更高。它們也提供一個機會，可藉以清楚區分社會理論及當今的社會科學。關於可欲的社會變遷會如何發生，社會理論為此提出假說，社會科學則檢視變遷究竟能如何以及是如何發生的。所謂「大」（grand）社會理論的意義，是在於提供一個大視野、看看創造近現代世界的那些彼此相連的變遷過程，而社會科學則往往抱持更明確、更實證經驗式的焦點，避免在大尺度上一概而論。社會理論的魅力，向來在於它為普遍性理解所提出的框架。至於要從大社會理論退開，動機則是來自承認普遍通則很難成立。用當代理解來取代近現代社會理論，志於用其他有意義的事物取代這些傳統，或在這些傳統上提出重大闡釋、根據社會科學研究來建立我們的通則概說，這寬廣的策略當是合情合理而值得追尋的。

　　容我舉例說明，歷史及社會理論彼此往往如何連結，歷史與社會科學又能如何連結得更好，而這便要回到彭慕蘭的重要著作《大分流》——彭氏因此書聞名遐邇、褒遠過於貶。該書試圖解釋，為何18世紀時經濟發展相當的中國及歐洲之間的相似處多得驚人，但歐洲卻成為了創造近現代世界經濟的主要推手。彭氏指出的關鍵差別要素，

一般稱為「煤與殖民地」。彭氏強調，煤這種自然資源創造了技術變遷的基礎、使工業化成為可能，而英國之所以容易開採煤礦，是因為其分布位置。他亦指出，歐洲殖民者的後代在美國利用非裔美洲黑奴勞力種植棉花而獲致橫財。此書引發的辯論可分為兩類，一類的基本說法是，歐洲創造了近現代時期是一單軌過程，而近現代世界經濟之形成則為此軌道的一部分；另一類的說法，基本上則是認為彭氏評估的大分流現象能夠解釋近現代經濟成長。前一類辯論與社會理論中存在的說法有關，後一類辯論則關乎透過歷史研究而提出的社會科學式解釋，或可簡稱為「社會科學式史學」。

　　對於《大分流》，馬克思式及韋伯式的兩種批評都曾提出過。前一種批評始於黃宗智（Philip Huang），並由其同事布倫納（Robert Brenner）及學生艾仁民（Christopher Isett）所推進。這三位史家認為，彭慕蘭未能識得社會關係在農業生產中的根本重要性，此一馬克思式論點因布氏在1976年的一篇文章而出名，該文旨在根據他所詮釋之英國鄉間社會關係來解釋英國資本主義發展，認為對圈地運動及隨後發展的勞資關係而言，鄉間社會關係至關重要。該文宣稱，由於中國欠缺此一型態，所以導致中國在經濟上無法發展。這幾位學者憑據的是馬克思一個重要的思想軸線，亦即對社會生產關係（social relations of production）之重視。關於貿易在近現代世界經濟形成中之地位，彭氏的看法則大致符合馬克思另一關於資本世界經濟發展的思想取徑，而最能說明此種世界經濟的便是華勒斯坦（Immanuel Wallerstein）在其權威著作中提出的所謂近現代「世界體系」（world-system）。黃氏等三家的批評，其弱點是在實證經驗上。黃氏「內捲化」（involution）的論證缺乏量化證據，甚至在女性棉紡織勞動生產力上犯了一個基本的數值計算錯誤，誤植小數點而使生產力數據僅為他資料來源的十分之

一。布氏關於社會關係的論旨，則與許多發展出近現代工業化經濟的地方經驗相牴觸，這些地方沒有類似於英國的農業生產關係——無論在歐洲或亞洲（尤其在亞洲）都是如此。英國的農業社會關係固然有助於發展資本主義式農業，在解釋工業資本主義之創造時亦或許有其地位（也可能沒有），但就實證經驗而言，19至20世紀其他國家所創造的近現代工業化經濟，並不需要特定這種農業社會關係。史學家運用的馬克思式社會理論無助於解釋上述這許多可能性。

　　史學家運用的韋伯式社會理論也循同樣方法，指出為何某些中國的作法異於英國。韋伯提出的論點是關於宗教在資本主義發展中的角色、官僚體制在創建近現代政府中的角色，以及歐洲歷史變遷中的型態是由何種社會環境所支持，他的想法遂很容易被用於羅列中國與歐洲的差異。弗里斯（Peer Vries）便曾宣示效忠韋伯式社會理論，他說：「在我看來，韋伯認為理性化經濟生活（亦即：「資本主義」）、理性化公共生活（亦即：法理型官僚國家）和自然與社會之理性化駕馭（亦即：科學與技術）在『西方』（the West）的發展程度比『他方』（the Rest）還高，這是一個尚未被駁倒而非常可敬的巨型文化主張（mega-cultural claim），能轉為可測試的假說，且值得更具系統性的比較經驗研究。」（Vries, 2013: 436）[7] 在一英中比較的專題著作中，他列舉了所有差異，並未說明其中任何重大意義，而向讀者解釋道：「我將明確聚焦在國家上，在漫長的18世紀間，國家在大不列顛這般成長的萌發過程中，以及在中國未見相同發展的過程中扮演何種角色……我研究的主要目的是測繪其異同，因此關於這些異同有何意涵，就較無空間容我置喙。它們的許多效果則頗為明顯。而若要在某些面向上斷定它們**究**

7　　譯註：此引文中三處「亦即」括註皆為弗氏原有。

竟[8] 有何影響，則有待另外全新且廣泛的分析——我在此只能指出這般分析應該處理的問題。」（Vries, 2015: 3-4）他的方法是肯定了韋伯式社會理論可應用於英國歷史而不適合中國歷史。但他並未真正明確解釋，他所相信實際上在運作的因果機制為何，而因此就像黃氏、布氏及艾氏，他所做的也不是社會科學式史學，而是把社會理論當歷史（social theory as history）。

《大分流》對社會科學式史學亦有所啟發。社會科學式史學大概有兩大特徵。第一，社會科學式史學往往努力匯集實證經驗資訊，系統性地建立關於因果機制的論證以解釋特定現象，不像特定一些歷史研究會迴避甚至拒絕預設某種形式的經驗主義是史學工作的基礎。第二，要論證某些因果機制是否存在，社會科學式史學會試圖提出可被檢證的命題，而經驗資訊便可支持或削弱這些命題。這些因果機制的邏輯則是取決於它們在一套更大的社會科學理論命題中的地位，以下將舉例說明之。

諾貝爾獎得主麥迪森（Angus Maddison）曾大膽構思，估算不同國家在過去缺乏量化證據的時代之GDP；循此腳步，布勞德伯里（Stephen Broadberry）曾引領與多位學者的合作研究，試著為近代早期的國民收入建立更有實證經驗依據的數據，最遠甚至回溯至10至11世紀。他指出10世紀時中國的人均GDP為世界最高，但至1700年時即便是中國內部人均GDP最高的地區也已落後歐洲水平，因此認為「大分流」發生的時間遠比彭慕蘭所認定的還更早（Broadberry, Guan and Li, 2017）。另一實證經驗上的論辯是關於透過薪資資料來處理勞動生產力水平，而薪資資料又可用來推敲人民所享之生活水平，若再

8　　譯註：強調處為弗氏原有。

輔以可比較之商品籃（baskets of goods）的概算價格便更可靠。彭慕蘭彙整的資訊指出，江南農業勞動生產力與英國相當，因此生活標準當是相近。其他研究則比較了江南及荷蘭地區，確認農業勞動生產力確實相近，但也指出工藝勞動生產力有顯著差別（Li and van Zanden, 2012）。艾倫（Robert C. Allen）在一篇文章中結合了收入概算以及商品行情表比較——這已是個技術挑戰——而總結道：「並未發現生活標準上有何系統性差異。此分析更突顯了文化差異（偏好）會妨礙生活標準之比較。當代許多運用指數之論證所採的研究手法，實則都涉及文化上的宣稱，只是往往未受承認。不過，在記住這些窘境的同時，仍有可能為世界各地飲食內容的重大差異做出模型，並在相對生活標準上獲致可靠的結論。」（Allen, 2004: 17）

以上整理的許多概算工作為中國與歐洲經濟之間在計量上的異同建立實證經驗的基準線，但它們本身無法顯示這些量化概算所應撐起的因果論證。比如，布勞德伯里及其同事已指出，1700年時中國先進地區與歐洲的人均GDP已有可觀的差距，但這無法直接解釋為何工業化先在歐洲發生而非中國——況且，正是工業化才使得勞動生產力急劇提高、形成了**大**[9]分流而不僅是分流。

如我在第五章中指出，此一分流可從兩種截然不同的方式來理解。其一是將它當作近現代世界經濟的形成基礎，其二則是當作近現代經濟成長的基石。此二者在實證經驗上明顯有別。將大分流視為近現代經濟成長之肇始，此觀點是以工業化為中心，而工業化又是因為匯聚了重大的科技變遷、利用煤作為產生蒸氣動力之能源才得以誕生。蒸氣動力是19世紀第一個「通用目的技術」，帶來非常多其他生

---

9   譯註：強調處為作者所加。

產方式，包括載運農業及工業產品橫越陸地及海洋的鐵路及汽船。彭慕蘭原指的大分流是關於近現代世界經濟，亦即關於英國在擺脫對印度棉織品進口的依賴之後，成為支配世界的棉織品生產者。近現代世界經濟的基石則是關於英國透過用資本替代勞力而達成進口替代，使勞動生產力水平遠遠高過印度廉價工藝勞力，英國紡織廠生產的織品乃比手工紡織還便宜。我認為此一過程在很大程度上是英國特有的工業化過程——即便有許多國家也開始用機械生產織品，但沒有任何國家能發展出如此龐大的棉紡織產業，與英國競爭全球棉織品產銷龍頭的地位。其他國家的工業化則包括各種產品的混合，每個國家都各有其趨勢（profile）。照我看來，彭慕蘭的《大分流》提出一個頗有說服力的說法，重點就在副標題所揭示的：近現代世界經濟的形成。這實則有別於解釋近現代經濟成長之途徑。

　　每個工業化國家的歷程之間都有通同的部分，也各有獨特的特徵。第五章所提出的假說，便是認為在英國率先的創舉之後，其他成功的工業化案例全都擁有一個特點，亦即有能力讓國家決策整合並補足已有建制的作法——這些作法是由遠在形影巍巍之中央政府以外及以下的人民所創建——進而使市場有效運作；與此同時，產業集中及扭曲市場（distorted market）等等市場偏差（aberration）——我所認為資本主義的根本特徵——雖然彼此頗不相同，但仍能在經濟上有所互補。此一命題指出，諸如19世紀晚期至20世紀初期的德國、日本和美國以及20世紀晚期的中國等國家，均有此共同特點，儘管它們主要部門的產業集中制度結構和每個政府頒布的政策都有所不同。沒有任何一套政府政策是能夠只根據同一套目標或輕重優先考量標準——比如某套能夠創造有效之市場的制度——就受到普世歡迎的，因為脈絡會影響何種政策才最能扶植更強健的市場。可是，經濟理論就認為

所有有效的市場都具有某些特定的共同特點，而成功的國家決策及介入是如何形成並施行，也很可能有一些共同的特徵，只是尚未清楚建立到堪稱理論命題的地位罷了。不過，究竟成功的決策是否普遍具有相同特徵，終究是實證經驗上的問題，而我們若要認識這些特徵究竟為何（假如它們真的存在），也只能透過實證經驗上的比較。能夠認識到成功工業化故事的共同特徵並不在於特定的市場制度特徵，也不在於推行中的特定政府政策，好處在於這個認識肯認了我們已經具備一種認知，亦即各種經濟體或許用不同方式組織市場及企業，或許由政府打造出各種獨特的成套政策來影響發展，但都可能發生工業化。是以，關於發展（development）的政治經濟體制則並非只有單一軌道，而是有不同的變遷路徑，只不過共有一至關重要的特徵——有效結合政策制定及經濟措施，使兩者彼此得以互相影響，進而引領變遷。

《大分流》引發的論爭確認了西方社會理論中長存的歧見，亦即要解釋英國工業革命此一轉型在創造了近現代時期的更大歷史變遷敘事中有何地位時，至關重要的要素究竟為何。該論爭也推進了社會科學式史學，指出其後發生的工業化事例是處於何種經驗環境下，各個事例之間又有何異同成分。就此而論，有了社會科學式史學，才可能分析嵌於大社會理論中的論點。如今業已證明，近現代國家建構的相關論點例如財政國家或近現代政教關係等等，實在難以解釋變異，因為相異處顯然比相似處更多到如排山倒海。

認為近現代社會應該清楚區隔教會與國家，這是根據歐美經驗而來的通則概說。在當代世界裡，我們知道這明顯有違事實。若欲闡明當初造就歐洲政教關係的歷史環境為何，就須比較世界其他地區的政教關係，而我們為此所做的努力尚且不夠。近代早期中國與歐洲之間的差異對比如此之多，簡直很難相信我們竟然以為適用於歐洲或美國

脈絡的政教關係規範也應該適用於中國。歐洲內部在政教關係上固然多變，整體而言仍然有別於中國方面宗教與政治之間建立的連結。本書所採取的途徑在思考中國及西方在政教關係上的當代差異時，是將它們視為路徑依賴的結果，這些結果則是源自某些更早的作法所創造之可能性，而比起採用世界其他地方形成的規範及政策，這些作法還更具重大意義。當然，我並非宣稱這般策略能解釋當代社會的所有特徵，因為許多對我們而言最為顯著的特徵，都是科技在空間中傳播後的結果。不過另一方面，我們確實酷愛根據某些歐洲歷史變遷型態來辨識出我們對其他地方有何普遍期待，並因此限制了大社會理論在實證經驗上的效力範圍及許多宣稱。而自20世紀晚期起，我們已經面臨與日俱增的證據，證明上述這種預設是何等無助於社會科學研究。更早的社會理論已經無法指引社會科學了。關於近現代經濟成長，社會科學也開始與大社會理論分道揚鑣，只是差距仍未大到足以讓我們認為它們不再合流。因此，當一些經濟學家研究起歷史時，結果就是將西歐（尤其近代早期英國及荷蘭）經濟變遷的經濟學解釋，與一種以一股啟蒙思想及19世紀至20世紀初社會理論為基礎的文化史，彼此縫接起來（McCloskey, 2006; 2010; 2016; Mokyr, 2016）。工業化的科學與技術基礎無疑是起源於歐洲。但問題較大的論點，是認為唯有歐洲人才可能發展出科技突破所需的觀念及技術、造就科技發明及創新。我們實在很難釐清，有什麼足以造就工業化的關鍵特點，是中國人和其他族群所無、唯歐洲人獨有。我們也很難證明，在一個歐洲人並未創造工業化的反事實（counterfactual）世界中，其他地方的人民即便在數個世紀之後也不會造成工業化。我們也同樣不清楚，非歐洲人若想運用近現代科技，為何必須接受更廣泛的一套政治及經濟觀念暨制度，而這是大社會理論要我們相信的。關於財政系統的主題也顯示出，在

近現代國家發展的議題上，大理論所鼓吹的理解是基於歐洲經驗，而與以歷史比較為基礎的社會科學有明顯差距。

　　第三章提到：「社會科學仍是基於這種不對稱假定——認為西方的措施是近現代原則與政策的唯一來源，而且歐洲及白人移民社會以外的地區，其政治與經濟之成功必得採行某種版本的西方措施。」明白說來，社會科學本不必如此蕭規曹隨，只是當它採納近現代化社會理論，包括近現代國家形成之理論作為基本方針時，就有這般傾向了。相對於本書中另兩大比較主題，財政系統的異同交雜程度是介於中間。近代早期中國與歐洲財政系統，比政教關係還更多相似，但比起經濟措施或它們後續的工業化過程則有較大差異。近現代時期的財政系統則更為相近，部分原因是供它們汲取資源的經濟體也更加類似了。但是，若要根據近代早期歐洲財政措施展現的特點來評估同時期中國財政系統，仍然格格不入，因為它們的處境有重大不同。一如政教關係，中國和歐洲的財政系統也有重要的路徑依賴式特徵，不過既然不同國家的財政挑戰都有一些相同特徵，那便很有理由觀察不同財政系統是如何處理這些共同的挑戰。

　　舉凡地方政府資金來源或中央至地方政府的財政轉移規畫等等議題，社會科學對特定議題的評估方法所促成之比較研究，可以避免在缺乏實證經驗證明時就預設某一個案的措施在原則上比其他措施更優越。而要了解在一些特定財政措施上，某一國家的措施能如何適用於另一國家，則須看這些措施在一套路徑依賴式的發展中嵌入得有多深。比較近代早期中國與歐洲財政系統及這些系統於其後近現代時期浮現的影響，便能獲得一種時間性的觀點，免於預設歐洲的措施具有規範性的優越地位；並刺激我們將當代的各種差異視為潛在的資源，有助我們藉著檢視這些活動在不同環境中是如何進行，進而習得改造

或改善財政措施的方法。比如，我們若探究國家是如何被認為有責任提供公共財，例如國防或其他更為一般卻很難甚至無法在市場上由私人購得的財貨，一則能發現這些財貨及服務在近代早期的生產及分配方式並非只是依循歐洲模式，二則能看出歐洲內部及歐洲與其他地方如中國及日本之間的差異，都影響了往後近現代時期的作法。未來新作便會探討這些可能性，比較近代早期之中國、日本及普魯士的濟貧及賑荒政策、基礎建設計畫及林地管理，藉此指出被當作典範的英國財政系統及國家發展只是特定的一條途徑罷了（Tanimoto and Wong, 2019）。

在本書的三大主題以外，第五及第六章還提出另外兩大當代議題，亦即中國「一帶一路」倡議及處理氣候變遷及環境劣化帶來的挑戰。兩者都是巨大龐雜的主題。至於它們各自會如何引領我們走向不確定的未來，也有重大差別。著手處理環境挑戰的，是各自社群中的人民個體，是不同層級和類型的政府，以及其他制度行動者（institutional actors）如企業及非政府組織。人們各自混合的利益及信念，驅使他們採取（或不採取）他們認知中會影響環境的行動。環境挑戰不僅是國際協議的主題，還是科學研究的對象。越來越多處理環境議題的計畫都試著跨越數個學術領域，並納入決策者、當地人民及非政府組織。要加以改善或至少減緩環境劣化的速率，並不需要舉世一致的工作配置。各地都在處理環境挑戰，才是重點。

「一帶一路」倡議則是相當不同的挑戰。一方面，它許諾將世界上一些較為貧困的地區整合到更大的市場中，藉此發展其潛力並帶動經濟成長。此一承諾則因其規模、複雜度及基礎建設計畫成本，而呈現高度不確定性。即便推估最樂觀的成功情形，此一經濟倡議仍比環境挑戰還有更多令人不安的表徵。經濟發展既需要合作也需要競爭。而

自從近代早期歐洲人將武裝暴力威脅運用於拓展海上貿易以來，經濟成長就可能會牽動地緣政治。衝突所具備的潛在破壞力，已經被面對經濟力量崛起時的政治競爭所整合，而要如何控制這種潛在破壞力，則有賴國家間的政治關係。這套制度會朝著減緩軍事衝突危險的方向變遷嗎？這已是數百年來反覆出現的挑戰，早在20世紀晚期我們越來越清楚意識到環境危機之前就被承認了。

中國的崛起則挑戰了我們的一個預設：我們預設未來全球秩序會由單一國家霸權主宰，一如19世紀的大不列顛和大半20世紀的美國。中國「一帶一路」倡議也顯示一種可能性：未來的世界秩序將由三個動態的地區經濟網絡構成，第一個最老，在19世紀的工業資本主義下興起於大西洋兩岸；其次是20世紀晚期承擔重任的太平洋經濟區；第三便可能是「一帶一路」倡議推動的歐亞大陸經濟區。如果未來誕生的地緣政治秩序在經濟上享有前所未見的獨立程度，它會是何面貌？在一個地緣政治秩序中，會因為原則上講究合作，而降低實際上爆發衝突的機會嗎？這些至少在一定程度上是取決於未來世界領導者們所做的決定，以及更廣大的人民對他們有何期待。

本書僅是想指出一些方法途徑，有益於我們未來面對地緣政治、全球經濟及地球環境上的種種挑戰，因為這些途徑讓我們能夠承認，我們未來能打造的選項，至少一部分是基於一些歷史上的作法，是後者創造了我們今天面對的問題及可能的機會。這在本質上是一種過程，必須能解釋關於過往作法的某種歷史或至少是某些資訊。社會科學——尤其本章討論的社會科學式史學——便有助於組織這種資訊，讓我們知道有何可能，進而更能決定何者為可欲。我們若更拓展過往的大社會理論引以為據的歷史，並在我們的歷史研究中更有意識地應用社會科學方法，便能使我們的社會理論眼光更加豐富多彩。

參考書目

王奎（2008）《清末商部研究》，北京：人民出版社。

朱英（1996）《晚清經濟政策與改革措施》，武漢：華中師範大學出版社。

江蘇省長公署第四科（1919）《江蘇省實業視察報告書》，上海：商務印書館。

周志初（2002）《晚清財政經濟研究》，濟南：齊魯書社。

周爾潤編（1907）《直隸工藝志初編》，天津：工藝總局。

馬敏、朱英（1993）《傳統與近代的二重變奏：晚清蘇州商會個案研究》，成都：巴蜀書社。

張世文（1936）《定縣農村工業調查》，北京：中華平民教育促進會。

魏文享（2009）《國民黨、農民與社會：近代中國農會組織研究（1924-1949）》，北京：中國社會科學出版社。

Allen, Robert C.. 2004. "Mr. Lockyear Meets the Index Number Problem: The Standard of Living in Canton and London in 1704." Unpublished paper.

Ang, Yuen Yuen. 2016. *How China Escaped the Poverty Trap*. Ithaca: Cornell University Press.

Bendix, Reinhard. 1978. *Kings or People: Power and the Mandate to Rule*. Oakland: University of California Press.

Berman, Harold. 1983. *Law and Revolution I: The Formation of the Western Legal Tradition*. Cambridge, MA: Harvard University Press.

Bernstein, Thomas and Xiaobo Lü. 2003. *Taxation Without Representation in Contemporary Rural China*. Cambridge, UK: Cambridge University Press.

Brenner, Robert and Christopher Isett. 2002. "England's Divergence from China's Yangzi Delta: Property Relations, Microeconomics, and Patterns of Development." *Journal of Asian Studies* 61 (2): 609-662.

Brewer, John. 1990. *The Sinews of Power: War, Money and the English State, 1688-1783*. Cambridge, MA: Harvard University Press.

Broadberry, Stephen, Hanhui Guan, and David Daokui Li. 2017. "China, Europe and the Great Divergence: A Study in Historical National Accounting, 980-1850." University of Warwick Centre for Competitive Advantage in the Global Economy Working Paper Series No. 324.

Buchanan, James and Gordon Tullock. 1962. *The Calculus of Consent, Logical Foundations of Constitutional Democracy*. Ann Arbor: University of Michigan Press.

Chakrabarty, Dipesh. 2000. *Provincializing Europe Postcolonial Thought and Historical Difference*. Princeton: Princeton University Press.

Chan, Wellington. 1980. "Government, Merchants, and Industry, 1870-1911." In *Cambridge History of China Vol 11: The Late Ch'ing, 1800-1911 Part 2*, edited by John K. Fairbank and K. C. Liu, pp. 416-462. Cambridge, UK: Cambridge University Press.

Chellaney, Brahma. 2011. *Water: Asia's New Battleground*. Washington: Georgetown University Press.

Chu, Yun-han, Pan Hsin-Hsin, and Wu Wen-Chin. 2015. "Regime Legitimacy in East Asia: Why Non-Democratic Sates Fare Better than Democracies," *Global Asia* 10 (3): 98-105.

Dahlberg, Stefan, Sören Holmberg, Bo Rothstein, Anna Khomenko, and Richard Svensson. 2017. *The Quality of Government Basic Dataset 2017*. Available at *The Quality of Government Institute*, http://www.qog.pol.gu.se doi:10.18157/QoGBasJan17

Denton, Sally. 2016. *The Profiteers: Bechtel and the Men Who Built the World*. New York: Simon & Schuster.

Dincecco, Mark and Massimiliano Onorato. 2018. *From Warfare to Wealth: The Military Origins of Urban Prosperity in Europe*. Cambridge, UK: Cambridge University Press.

Dowrick, Steve and J. Bradford DeLong. 2003. "Globalization and Convergence."

In *Globalization in Historical Perspective*, edited by Michael D. Bordo, Alan M. Taylor, and Jeffrey G. Williamson, pp. 191-226. Chicago: University of Chicago Press.

Dykstra, Maura. 2014. "Complicated Matters: Commercial Dispute Resolution in Chongqing, 1750-1911." PhD dissertation, The University of California, Los Angeles.

Fei, Hsiao-Tung. 1939. *Peasant Life in China: A Field Study of Country Life in the Yangtze Valley*. London: Kegan Paul, Trench, Trübner & Co.

—— 1989. *Rural Development in China: Prospect and Retrospect*. Chicago: University of Chicago Press.

Feuerwerker, Albert. 1958. *China's Early Industrialization: Sheng Hsuan-Huai (1844-1916) and Mandarin Enterprise*. Cambridge, MA: Harvard University Press.

Fukuyama, Francis. 1992. *The End of History and the Last Man*. New York: Free Press.

Greif, Avner. 2006. *Institutions and the Path to the Modern Economy: Lessons from Medieval Trade*. New York: Cambridge University Press.

Grove, Linda. 1975. "Creating a Northern Soviet." *Modern China* 1 (3): 243-270.

—— 2006. *A Chinese Economic Revolution: Rural Entrepreneurship in the Twentieth Century*. Lanham: Rowman & Littlefield.

Habermas, Jürgen. 2008. "Notes on a Post-Secular Society." Available at *signandsight. com*, http://www.signandsight.com/features/1714.html

He, Wenkai. 2009. *Paths toward the Modern Fiscal State*. Cambridge, MA: Harvard University Press.

Hirschman, Albert. 1977. *The Passions and the Interests: Political Arguments for Capitalism before Its Triumph*. Princeton: Princeton University Press.

Hoffman, Philip. 2015. *Why Did Europe Conquer the World?*. Princeton: Princeton University Press.

Hoffman, Philip and Jean-Laurent Rosenthal. 1997. "The Political Economy of Warfare and Taxation in Early Modern Europe: Historical Lessons for Economic Development." In *The Frontiers of the New Institutional Economics*, edited by John N. Drobak and John V. C. Nye, pp. 31-55. Cambridge, MA: Academic Press.

Huang, Philip. 2002. "Development or Involution in Eighteenth-Century Britain and China?─A Review of Kenneth Pomeranz's *The Greater Divergence: China, Europe, and the Making of the Modern World Economy*." *Journal of Asian Studies* 61 (2): 501-538.

Johnson, Chalmers. 1995. *Japan: Who Governs?─The Rise of the Developmental State*. New York: W. W. Norton & Company.

Kuhn, Philip. 1990. *Soulstealers: The Chinese Sorcery Scare of 1768*. Cambridge, MA: Harvard University Press.

Künkler, Mirjam, John Madeley, and Shylashri Shankar eds.. 2018. *A Secular Age beyond the West*. Cambridge: Cambridge University Press.

Lagerwey, John. 2010. *China: A Religious State*. Hong Kong: Hong Kong University Press.

Li, Bozhong and Jan Luiten van Zanden. 2012. "Before the Great Divergence? ─Comparing the Yangzi Delta and the Netherlands at the Beginning of the Nineteenth Century," *Journal of Economic History* 72 (4): 956-989.

Ma, Debin. 2004. "Growth, Institutions, and Knowledge: A Review and Reflection on the Historiography of 18th-20th Century China." *Australian Economic History Review* 44 (3): 259-77.

Maddison, Angus. 2007. *Chinese Economic Performance in the Long Run*, 2nd edition (revised and updated: 960-2030 AD). Paris: OECD Development Centre.

McCloskey, Deidre. 2006. *The Bourgeois Virtues: Ethics for an Age of Commerce*. Chicago: University of Chicago Press.

McCloskey, Deidre. 2010. *Bourgeois Dignity: Why Economics Can't Explain the Modern World*. Chicago: University of Chicago Press.

Mokyr, Joel. 2016. *A Culture of Growth: The Origins of the Modern Economy*. Princeton: Princeton University Press.

North, Douglass C.. 1990. *Institutions, Institutional Change, and Economic Performance*. Cambridge, UK: Cambridge University Press.

── 1997. "Institutions, Transaction Costs and the Rise of Merchant Empires." In *The Political Economy of Merchant Empires: State Power and World Trade, 1350-1750*, edited by James Tracy, pp. 22-40. Cambridge, UK: Cambridge University Press.

O'Brien, Patrick. 2012. "Afterword: Reflections on Fiscal Foundations and Contexts for the Formation of Economically Effective Eurasian States from the Rise of Venice to the Opium War." In *The Rise of Fiscal States: A Global History 1500-1914*, edited by Bartolomé Yun-Casalilla and Patrick K. O'Brien, with Francisco Comín Comín, pp. 442-453. Cambridge, UK: Cambridge University Press.

Piketty, Thomas. 2015. *The Economics of Inequality*, translated by Arthur Goldhammer. Cambridge, MA: Harvard University Press.

Pomeranz, Kenneth. 2000. *The Great Divergence: China, Europe, and the Making of the Modern World Economy*. Princeton: Princeton University Press.

—— 2003. "Facts are Stubborn Things: A Response to Philip Huang." *Journal of Asian Studies* 6 (1):167-181.

—— 2009. "The Great Himalayan Watershed: Water Shortages, Mega-Projects and Environmental Politics in China, India, and Southeast Asia." *Japan Focus: The Asia Pacific Journal* 7 (30. no. 2): 1-30.

Postel-Vinay, Gilles. 1994. "The Disintegration of Labour Markets in Nineteenth-Century France." In *Labour Market Evolution: The Economic History of Market Integration, Wage Flexibility and the Employment Relation*, edited by George Grantham and Mary Mackinnon, pp. 64-83. London: Routledge.

Rawski, Thomas. 1989. *Economic Growth in Prewar China*. Oakland: University of California Press.

Risse, Thomas ed.. 2011. *Governance Without a State?——Policies and Politics in Areas of Limited Statehood*. New York: Columbia University Press.

Shi, Ze. 2014. "One Road and One Belt and New Thinking with Regard to Concepts and Practice." Available at *China Institute of International Studies*, http://www.ciis.org.cn/english/2014-11/25/content_7394056.htm

Sokoloff, Kenneth and David Dollar. 1997. "Agricultural Seasonality and the Organization of Manufacturing in Early Industrial Economies: The Contrast between England the United States." *Journal of Economic History* 57 (2): 288-321.

Sugihara, Kaoru. 2013. "Labour-Intensive Industrialization in Global History: An Interpretation of East Asian Experiences." In *Labour-Intensive Industrialization in Global History*, edited by Gareth Austin and Kaoru Sugihara. London: Routledge.

Sutton, Donald. 2007. "Ritual, Cultural Standardization, and Orthopraxy." *Modern China* 33 (1): 3-21.

Swearer, Donald. 2006. "An Assessment of Buddhist Eco-Philosophy." *Harvard Theological Review* 99 (2): 123-37.

Szonyi, Michael A.. 2017. *The Art of Being Governed: Everyday Politics in Late Imperial China*. Princeton: Princeton University Press.

Tanimoto, Masayuki and R. Bin Wong eds.. 2019. *Public Goods Provision in the Early Modern Economy: The Role of Regional Society in Japan, China and Europe*. Oakland: University of California Press.

Tilly, Charles ed.. 1975. *The Formation of National States in Western Europe*. Princeton: Princeton University Press.

—— 1992. *Coercion, Capital and European States, A.D. 990-1992*, revised edition. Oxford: Basil Blackwell.

Vries, Peer. 2013. *Escaping Poverty: The Origins of Modern Economic Growth*. Göttingen: V & R Unipress; Vienna: Vienna University Press.

Watson, James L.. 1985. "Standardizing the Gods: The Promotion of Tianhou (Empress of Heaven) along the South China Coast, 960-1969." In *Popular Culture in Late Imperial China*, edited by David Johnson, Andrew Nathan, and Evelyn Rawski, pp. 292-324. Oakland: University of California Press.

White, Lynn III. 1998. *Unstately Power Vol. 1: Local Causes of China's Economic Reforms*. Armonk: M. E. Sharpe.

Will, Pierre-Etienne and R. Bin Wong, with James Lee and contributions by Jean Oi and Peter Perdue. 1991. *Nourish the People: The State Civilian Granary System in China, 1650-1850*. Ann Arbor: Centre for Chinese Studies, University of Michigan.

Wolf, Arthur. 1978. "Gods, Ghosts, and Ancestors." In *Studies in Chinese Society*, edited by Arthur Wolf, pp. 131-182. Redwood City: Stanford University Press.

Wong, R. Bin. 1997a. *China Transformed: Historical Change and the Limits of European Experience*. Ithaca: Cornell University Press.

—— 1997b. "Confucian Agendas for Material and Ideological Control in Modern China." In *Culture and State in Chinese History: Conventions, Accommodations and Critiques*, edited by Theodore Huters, R. Bin Wong, and Pauline Yu, pp. 303-325. Redwood City: Stanford University Press.

—— 1999. "The Political Economy of Agrarian China and Its Modern Legacy." In *China and Capitalism: Geneologies of Sinological Knowledge*, edited by Timothy Brook and Gregory Blue, pp. 210-245. Cambridge, UK: Cambridge University Press.

—— 2000. "Opium and Chinese State Making." In *Opium Regimes China, Britain, and Japan, 1839-1952*, edited by Timothy Brook and Bob Wakabayashi, pp. 189-211. Oakland: University of California Press.

—— 2011. "Causation." In *A Concise Companion to History*, edited by Ulinka Rublack, pp. 27-56. Oxford: Oxford University Press.

—— 2013. "Regions and Global History." In *Writing the History of the Global: Challenges for the 21st Century*, edited by Maxine Berg, pp. 83-105. London: The British Academy.

—— 2016a. "Möglicher Überfluss, beharrliche Armut. Industrialisierung und Welthandel im 19. Jahrhundert." In *Geschichte der Welt: Wege Zur Modernen Welt, 1750-1870*, edited by Sebastian Conrad and Jürgen Osterhammel, pp. 255-410. Munich: C. H. Beck. (English language edition forthcoming.)

—— 2016b. "The Early Modern Foundations of the Modern World: Recent Works on Patterns of Economic and Political Change." *Journal of Global History* 11: 135-146.

—— 2017. "Featured Review of Tonio Andrade, The Gunpowder Age: China, Military Revolution and the Rise of the West." *American Historical Review* 122 (2): 464-467.

Woodside, Alexander. 2006. *Lost Modernities: China, Korea, Vietnam and the Hazards of World History*. Cambridge, MA: Harvard University Press.

World Bank. 2015. "Country Data Report for China 1996-2014." Available at *World Bank Group*, http://documents.worldbank.org/curated/en/ 794961468198529176/Country-data-report-for-China-1996-2014

Xie, Yu and Jin Yongai. 2015. "Household Wealth in China." *Chinese Sociological Review* 47 (3): 203-229.

Yun-Casalilla, Bartolomé. 2012. "Introduction: the Rise of the Fiscal State in Eurasia from A Global, Comparative, and Transnational Perspective." In *The Rise of Fiscal States: A Global History 1500-1914*, edited by Bartolomé Yun-Casalilla and Patrick K. O'Brien, with Franciso Comín Comín, pp. 1-35. Cambridge, UK: Cambridge University Press.

Yun-Casalilla, Bartolomé and Patrick K. O'Brien, with Franciso Comín Comín eds.. 2012. *The Rise of Fiscal States: A Global History 1500-1914*. Cambridge, UK: Cambridge University Press.

「王國斌專題：明清中國與全球史的連結」編案[*]

李卓穎

王國斌教授應台灣聯合大學系統文化研究國際中心之邀於2013年12月來訪，並於當月10日至13日在清華大學、交通大學、中央研究院分別以「Religious State Making and Spaces for Religion: Political Authority and Religion in China and Europe, c. 1000-2000」（清華大學）、「More than Just a Fiscal Relationship: State Political Agendas and Taxation in China and Europe, c. 1500-2000」（交通大學）、「The Political Economy of Industrialization in China and Europe, c. 1750-2000」（中央研究院）為題給了三個場次的「傑出學者講座」系列演講。三場演講各有兩位評論人：鐘月岑、朱元鴻（清華大學場次）；何漢威、和文凱（交通大學場次）；陳國棟、黃克武（中央研究院場次）。本期「王國斌專題：明清中國與全球史的連結」即主要由王國斌基於上述三場演講增修之後的單篇文章〈近代早期到近現代的中國：比較並連結歐洲和全球歷史變遷模式〉與五位評論人修訂後的評論文字構成。為求對話更為精彩，議題更為延伸，本刊特別邀請邱澎生撰寫導論，也請王國斌針對評論人修改後的評論再給予綜合回應。

---

[*] 　編註：王國斌教授前後三次演講彙整發表為《文化研究》2014秋專刊單篇文章〈近代早期到近現代的中國：比較並連結歐洲和全球歷史變遷模式〉，即原編者謂「本專題論文」，該三次演講則成為其中一至三節，後分別擴增改寫為本書第二至四章。原編者謂邱澎生撰寫之導論，後由邱澎生擴寫成為本書之序一。

　　附帶應說明的是，王國斌的原演講內容與本次刊出的文章之間略有因多次修改而產生的差異，因此評論稿的部分內容或有於〈近代早期到近現代的中國：比較並連結歐洲和全球歷史變遷模式〉中無法得見的指涉。本刊為存評論當時的實況而不做更動，尚請讀者諒察。

　　本專題的出版，仰仗前述諸位學者與單位共襄盛舉以及劉紀蕙教授促成系列演講方有可能。除此之外，參與翻譯的同學——李立凡、胡芷嫣、廖晏顥，以及也曾出力的歐陽廷杰——都是我們應該致謝的對象。

　　我們期待更多的討論，因此，非常歡迎相關的論述與辯難投稿本刊。

附錄 ────────────────────────────────

回應一 *

朱元鴻

　　這篇論文主題吸引了我，因為，我感知「宗教／世俗」二分的
爭議是當代世界的社會與文化議題之中最深刻的爭議之一。我認為
這個爭議可以說是我們時代許多重要爭議的母體。例如，伊斯蘭律
法（Sharia）與世俗法律的位階衝突，從巴基斯坦到埃及的伊斯蘭國
度都是持續發炎的尖銳問題；褻瀆罪與言論自由的爭議，從魯希迪
（Ahmed Salman Rushdie）因為《魔鬼詩篇》（*The Satanic Verses*）遭受教令
格殺（fatwa）到伊斯蘭世界不時因為諷刺漫畫或影片而怒火狂燒，褻
瀆罪的吶喊與西方言論自由的堅持相互不可理喻；宗教國族主義對於
少數社群的迫害、宗派與宗教族群的衝突，例如延燒中東的遜尼派與
什葉派衝突、印度宗教國族主義（Hindutva）對於穆斯林少數、緬甸與
錫蘭的佛教徒多數分別對於羅興亞穆斯林與塔米爾印度教徒、中非的
基督徒多數對於穆斯林少數的迫害或衝突；宗教脈絡下對於婦女兒童
各種形式的迫害與虐待；宗教革命、殉教、聖戰……透過全球新聞，
這些是我們每天感受到的多重震波。當我閱讀這些當代爭議的時候，
經常浮現的問題是：中國曾經在這類議題上經歷了什麼過程與樣態？
這個背景關切，將導向我對本論文的一些期待與提問。

────────────────────

*　　原編者註：朱元鴻主要回應王國斌教授於清華大學的演講，亦即本專題論〈近代早期
　　到近現代的中國：比較並連結歐洲和全球歷史變遷模式〉之第一節。

　　先說明我十分同意王國斌教授這篇論文的基本觀點：歐洲的經驗——教會與國家的分離——用來理解當代社會宗教領域與世俗領域的劃分，是不足夠的。要更能夠理解今日不同社會裡宗教與世俗對立的狀況，需要考察各種獨特歷史變遷的不同軌跡。而王教授這篇論文試圖提議的是：考察在國家形塑與宗教之間的關係上，中國和歐洲在過去一千年裡如何有分殊的途徑。我贊同這項提議，願勉力貢獻幾點提問與意見。

一

　　為什麼中國與歐洲比較的敘事起點選在11世紀？除了正好構成一千年的方便，選擇11世紀作為敘事起點，有什麼清楚的理由？在歐洲方面，11世紀教皇額我略七世（Gregorius VII）的宗教改革（the Hildebrandine Reforms, 1075-1122），亦即羅森斯托克－胡絮（Eugen Rosenstock-Huessy, *Out of Revolution*）詮釋的所謂教皇革命（Papal Revolution），其受伯爾曼（Harold J. Berman, *Law and Revolution*）引述來闡說對西方法律傳統的深遠影響，我覺得11世紀這個時點的選擇，很有道理，且深具啟發。但在中國方面，讓我們讀不到明確的理由，為什麼11世紀？中國11世紀，時當北宋，在宗教與國家轉形上有什麼具有重要性的起始事件，或制度創建，或社會形構的出現，足以說明選擇這個起始時點的意義？

二

　　本論文及其標題，比較的主題概念是「宗教的國家塑造」（religious

state making），比較的單元實際上分別是歐洲的「天主教會」（the Catholic Church）與所謂「中國的國家」（the Chinese State）。

11世紀歐洲天主教會的教皇革命，宣布了教皇在整個教會的政治和法律的至高權力，神職體系獨立於世俗權威，宣稱教皇對於世俗事務有終極統轄權，包括有權廢黜皇帝和國王。教會於是具有了現代國家最主要的特徵：主權的概念和獨立的法律制定權力。教皇擁有立法權，教會透過行政和司法體系解釋和執行其法律。於是天主教會行使一個現代國家的立法、行政和司法權。

那麼「中國的國家」在「宗教的國家塑造」上呢？除了前項提問11世紀可曾有起始事件、制度創建或社會形構的出現，足以說明「宗教的國家塑造」，我們還得問：在本論文中，中國「宗教的國家塑造」過程，是否跨越朝代連續了千年，又如何貫越了北宋、南宋（需要考慮遼、金、西夏？）、元、明、清？

甚至我想問：是否為了可以比較歐洲與中國路徑分殊的歷史變遷（path-dependent historical changes），中國自中世紀以來也「理應」要有所謂「宗教的國家塑造」？這個問題所來自的感受，類似我們讀到郭沫若在其《中國古代社會研究》找出中國古代奴隸社會的確信，因為依據馬克思的人類階級鬥爭的唯物史觀，中國古代也「理應」要有奴隸社會。

三

依據伯爾曼的洞見，教皇革命的深遠影響在於西方法律體系的形成：11世紀後葉到12世紀前半，西方幾乎每個國家紛紛建立了專業法庭、立法的體制、法律的專業、法律的文獻，以及法律的學科。那麼，出於比較的興趣，尤其是理解「中國的國家」屬宗教的或屬世俗的

特徵，是否不應忽略相對考察中國的法律體系形成：宋律、元典章、大明律、大清律，以及刑部與縣衙的司法實務？若從這個向度，我對中國被詮釋為較歐洲更早出現世俗國家某些特徵的可能性更感興趣。在中國，人們可能同時為佛教、道教、儒教或其混合類型的信徒；而且在法或禮的體系裡，不曾有歸因於屬神的律法權威根源。

四

然而，王國斌引述勞格文（John Lagerwey，《中國：一個宗教國家》〔*China: A Religious State*〕）的觀點：中國是個宗教國家。「地方社會向來充斥著大量的神靈」、「國家向來宣示其對於地方社會宗教生活的權威」、「在國家活動裡宗教事務備受重視」、「祭祀與宗教象徵持續存在於國家儀式甚至國家贊助的宗教崇拜裡」……這樣夠不夠稱為宗教國家，或國家宗教？也許行。但這樣稱中國是宗教國家的意涵就很平常而少趣了。準此，宗教國家這個類別將包括古埃及與蘇美、鐵器時代的歐洲和近東、古代希臘城邦、異教與基督教的古代羅馬、薩珊波斯、小乘佛教的高棉帝國、金剛乘佛教的不丹和西藏、儒教的漢代與唐代、歷史上所有的伊斯蘭國家、現代的日本帝國……坦白又簡單地說，依照勞格文所暗示的特徵，在現代之前，我們大約很難找到「非宗教國家」。即便是當代的美國，宗教象徵也無處不在：總統與政府官員就任時手按著《聖經》宣示效忠國家、小學生手扶右胸祈禱、重大政治事件時眾人呼喊「God bless America!」。

在我認為，斷言中國是宗教國家或是世俗國家並沒啥意思，看我們選擇什麼面向呈現宗教國家或是世俗國家的樣貌，都說得通。可惜勞格文的《中國：一個宗教國家》，以及王國斌的本文，完全略過中國

的法律體系與司法實作，也不曾提及中國宗教生活的區域差異，例如中國西北如何不同於勞格文從事田野的中國東南；無視於中國自8世紀以來愈趨複雜的宗教生活，例如宋代開封的猶太教社群、唐代傳入而一度復盛於元代的景教（Nestorian Christian，例如馬可波羅遊記所述鎮江府的大興國寺），以及唐代傳入而相繼盛於元、明、清的伊斯蘭教。如果考慮區域差異以及宗教社群的複雜，那麼中國的法律體系與司法實務是否對於人民的宗教身分無差別對待？這一項分辨宗教或世俗國家的特徵，對我而言，要比在國家儀式裡舉出許多宗教象徵更具意義。

五

「沒有國家與社會之間截然的二元對立，又沒有宗教與世俗之間清楚的劃異」，在本文中「解釋了」何以「中國的國家發展出了介入地方社會的能力，包括了介入老百姓所從事的宗教生活」，而「歐洲國家卻全然缺乏這樣的能力」。這個解釋的聲稱，在我讀來相當可疑。在什麼意義之下，我們能說歐洲的國家介入地方社會的能力因為國家與市民社會的截然二分而受到障礙？無論讀黑格爾的《法哲學原理》或是傅柯的《生命政治的誕生》，我們對於歐洲的國家與市民社會之間的關係恐怕都不會如此理解。歐洲的國家，即便是個「自由國家」（a liberal state），不要說對於市民社會，就是對於家庭私領域，也都能夠透過立法與司法權而進行干預，不是嗎？

六

　　「五四時期的反傳統運動其實是在拒絕清末帝國以儒教為基礎所企圖經營的社會意識。」確實如此，當時反對袁世凱、張勳、康有為等人主張立孔教為國教並寫入憲法的提案；這讓我們類比理解2013年6月埃及的穆斯林兄弟會政權藉由修憲將穆斯林律法入憲所遭到埃及人民的強烈抗拒。「這樣的拒絕在後來的中國共產政權更形激烈，將民間信仰判定為迷信。然而在1949年之後的國家不時包容各種類型的民間宗教活動……」此處王國斌提及的事證是2013年中國官方在北京大學表揚星雲法師，因其佛光山的「人間佛教」事業而頒授「影響世界華人」的終身成就獎。這段敘事裡的跳躍，在我讀來何其突兀！略過了文化大革命、法輪功，以及中共政權持續迄今對於所有宗教的懷疑與控制。（這項「頒獎」難道就不是個正向控制？）我想請問王教授，依據本論文裡的概念，共產主義的中國（想想黨國馬列主義教條之下所支配的正統信仰〔orthodoxy〕、正確行為〔orthopraxy〕以及對於其他信仰的排他性拒斥）究竟是個世俗的、是個宗教的，還是個世俗與宗教無劃分的國家？

七

　　「然而當代中國已經確立了一種權威，這種權威對映著帝國晚期的國家對於宗教活動介入的權威。也如同帝國晚期，當代國家宣示有權介入社會活動，有賴於政府官員與社會菁英之間有著共享意識的取向。」我不反對在中國的帝國晚期與當代中國的黨國之間辨識出某些對應與雷同之處。但若略而不提20世紀共產主義黨國（中國僅為其

一）在意識形態與實踐上共有的特徵，而只在中國脈絡下片面強調當代中國與帝國晚期在國家功能上看似映照與雷同的連續之處，又隱略其間在思想與制度上尖銳矛盾的革命興廢關係，我擔心容易淪為一個暗含「通三統」[1]情節的腳本。

八

回到我同意王國斌教授基本出發點的初衷：歐洲經驗並不足夠，探討歷史變遷不同軌跡的獨特之處有助於我們的理解，最後，我希望能夠更清楚地把捉，這篇論文回應了我們當代世界哪些爭議難解的議題？

1　參考甘陽（2007）《通三統》，北京：生活‧讀書‧新知三聯書店。此論強調孔夫子的傳統、毛澤東的傳統、鄧小平的傳統，是同一個中國歷史文明連續統。

回應二 [*]

鐘月岑

　　元鴻老師的評論較長，就由我先開頭評論。我的評論裡頭有些比較精短、簡要的摘要，幫助在場與會的朋友們了解一下王國斌老師的演講梗概。（我今天的評論會先講英文再翻中文，讓口譯的朋友休息一下，也讓我們安靜地思考一下王國斌老師帶來的議題。）

　　王國斌老師的研究花了二十幾年的工夫，基本上跟西方的世界史研究或經濟史研究對話。過去在漢學或中國研究的領域裡頭，基本面對的問題意識都是說明中國是怎麼樣子或中國不是怎麼樣子的議題，總是在這種提問的問題意識上擺盪。今天王國斌老師已經很具說服力地告訴我們中國是這樣子、不是這樣子或歐洲是這樣子、中國不是這樣子。我們很清楚地了解到中國的路徑，他今天現場演講跟手邊拿到的手冊不一樣的地方，是他特別指出來的——path-dependent[1]，就是說那個路徑所走出來的中國的路或歷史的這條路裡面，其中具備的歷史的條件，跟歐洲是不一樣的。這一點很重要是顯示中國並不是跟在歐洲後面亦步亦趨地模仿學習，或者是停滯不前，或者是學習得不好，換句話說中國並不是功成事就的歐洲的雙胞胎，但卻是瘸腳的兄

---

[*]　原編者註：鐘月岑主要回應王國斌教授於清華大學的演講，亦即本專題論文〈近代早期到近現代的中國：比較並連結歐洲和全球歷史變遷模式〉之第一節。

[1]　編註：本書正文中譯為「路徑依賴式」。

弟。王國斌老師這二十幾年來的研究成果把這樣一個形象慢慢地去除掉了。

今天的演講，如果我沒有過當地去解釋它的話，我覺得後來的演講裡頭，大概是朱元鴻老師的評論大綱的提醒緣故罷，他特別區分他跟勞格文的關係。但事實上，在王老師的文章裡頭，我覺得他跟勞格文的描述是很像的，中國的state[2]－政府、中央或朝廷，基本上很像天主教教廷所具有的對等的功能，可以說是具有道家思想或意識的教廷。所以這個平行對等，基本上在中世紀，不管在歐洲或中國是很像的。這個政教的分離、這個聖凡之間的分裂是來自early modern，從11世紀便開始呈現的一種早期現代性的意識，[3]從歐洲後來才慢慢地傳播到其他世界的地區，這是透過殖民、貿易等很多途徑傳播出去的。相對而言，11世紀的中國並沒有像天主教教廷對地方的控制那麼森嚴，中國對地方宗教的影響是比較鬆散的，而天主教透過正統的界定、消滅異端或是在法律上土地繼承的管理來鞏固它的宗教權威。從11世紀以來的這一千年當中，中國的情況是透過官僚體制對地方的控制而慢慢地顯現出來，中央對地方的集權干預並沒有遭遇到堅忍不撓的抵抗，或造成大規模的抵抗以至於演變成鼓勵國家與社會對槓拉扯的狀況。在中古的歐洲，或是早期近代[4]時段，歐洲的國家跟教廷的政教分離，是宗教信仰慢慢地成為個人事務的現實而逐漸對基督教義不同詮釋掌握，漸漸分歧而變成不同群體的信仰者或信仰社群，雖然天主教廷極力透過正統教義的界定來維持權威，但是教廷對周遭地方

---

2   編註：本書正文中譯為「國家」。

3   編註：此句中「early modern」及「早期現代性」，本書正文分別譯為「近代早期」及「早期近現代性」。

4   編註：當指「early modern」。詳見註3。

的王族諸侯的控制逐漸衰微。後來，民族主義的風潮帶動了現代民族國家的興起，使得打造國家成為不斷爭取世俗的威權的政治運動。

在此過程中，王國斌老師一直在強調的是，由於中古歐洲在11、12世紀，各個小的國家慢慢形成，需要很多法律的規定來協調當地的秩序，這種多重性的現實需要使得法律成為必然的超越或者是獨一無二法律，亦即所謂的canonical law[5]，教廷掌握並整合這些多重的法律系統而形成的canonical law，在此之下，各國君主據此來治理地方，使得它成為凡間政治上的準則，以及國與國之間互動的模式，如此凡間的秩序能夠穩定下來，這是一個很重要的過程。最近這幾個世紀以來，這個過程透過貿易和殖民傳播到世界許多角落。

但是中國並沒有經歷這樣的過程，我們目前的共識是：在西方，法律是在個人、在政權之上；但在中國的情狀下，法令是隨著政治或朝代嬗替的政權左右擺盪的，或是說誰來當政，誰就可以決定法律，所以在中國，政府的力量可以隨著朝代的變化消長，或者跟著皇帝個人的能力成就來起伏。縱然如此，以政治的力量來賜封民間信仰的神靈、地方特有的神祇或者是加以賜額、封號，藉此這種力量來界定正統教義和權威駕馭宗教，並進而增加神祇的威望或顯靈的效驗的作為從來沒有被挑戰過。除了一些會黨教派造反叛變的例子之外，在道教教義論述中的天廷（celestial bureaucracy），不只是跟人間的政治力量互為類比，並而且支撐了人間朝廷的想像，所以理所當然地被政治菁英接受，也不會被推翻。透過士紳們儒教融合的儀式化，這種政治的力

5　編註：一般稱「教會法」，英文是「canon law」；「canonical law」此一寫法，精確來說是指「具教會權威的法律或法條」或教會法的內容，因此基本上也與「canon law」有可通用之處。

量來操作地方宗教的作為一直延續到19世紀，這裡頭士紳、學者及獲取功名的政治菁英基本上扮演著雙面的角色，他們在國家和地方社會之間調和鼎鼐，這群士紳、學者及獲取功名的政治菁英事實上不只沒有把國家和地方社會拆開來，反而是把他們融合為一個同心圓式的整體。所以從這個角度去看，比較能理解星雲大師為什麼到北京接受終身成就獎，然後從大陸政治的角度去看，他之所以會被接受是因為他「一個中國」的統一立場，受到北京政府的背書，或說星雲大師跟傳統的社會菁英一樣調和鼎鼐，而北京政府跟歷來的朝代政權一樣介入宗教場域。這其中包含了宗教、文化認同和政治認同的多重整合的意義。

　　歐洲有政教的分離，然後宗教的自主性並沒有存在於公民社會[6]裡頭，我要問的問題是，中國目前的崛起是什麼樣的現象？是像漢唐那樣的崛起？還是清朝那樣的崛起？中國人民共和國在五〇年代的三反五反、四清運動，接著在文化大革命的過程裡頭，把道教打入迷信的胡同裡。在無神論的意識形態裡，我們今天看到的共產黨事實上是一個新興的宗教，它的信仰系統是在最世俗的事業中建構起來的，不曉得王國斌老師是怎樣去看這歷史現象。我們都是學院裡頭的歷史家，今天的中國社會裡頭，在毛後或改革後的社會狀況裡頭，我們看到道教和佛教因著資本主義的經濟體制重新的崛起或活耀，我們也觀察到梵蒂岡教廷想要擴張它的宗教勢力，想要在中國爭取更多天主教的信徒。宗教勢力在中國的競爭和角逐下能不能幫助中國建構公民社會裡頭另一股力量？而且這股力量不一定要經過西方式的世俗政治和宗教的分離。或者說我們今天看到慈濟在全世界NGO的救援行動，

6　編註：當指「civil society」，本書正文譯為「市民社會」。

事實上比任何一個政府還更具政治效率，這種力量要怎麼樣去了解？我們今日面對的現實是政治比宗教更宗教，而宗教比政治更政治！

　　另外，我提出來兩個問題有關於王老師的研究，跟兩個領域的對話。第一個對話是，中國和歐洲的比較，王老師這種跨區域的研究，是不是足夠或取代我們之前了解的世界史或全球史而成為新的研究教學領域？為什麼我們需要了解這樣新的領域呢？在學術上這樣的對話，我想多聽聽王老師的立場。另外，國家與地域社會的研究在漢學或中國研究領域中行之有年，也累積很多豐富的成果。王國斌老師對於他之前的同事黃宗智（Philip Huang）、冉玫鑠（Mary Rankin）、羅威廉（William Rowe）等等對於國家跟地方社會之間的位置是有區分的，但是這個位置跟今天王老師所說的沒有分離是很不一樣的，他們之間有不同程度的差異，甚至和溝口雄三分析公跟私這部分的研究成果也有分別，不曉得王老師會是怎樣跟他對話的？以上，我覺得可以增加大家討論，還有希望能夠拋磚引玉，激發多一點討論甚至辯論的空間！

回應三[*]

何漢威

　　研究中國歷史的學者，儘管其政治觀點或學術傳統互不相容，普遍都將明、清以降數百年來的中華帝國，視為是以專制皇帝所領導的低效能的官僚機器管治；這群統治階層對國家經濟發展及人民福祉的影響，即便不是負面干擾，充其量也是毫不相干。相較之下，學者對於近代早期歐洲國家在經濟層面所起的作用，雖有不同理解，但至少贊同其時部分歐洲國家政府的政策，特別是財政政策，有助於促進經濟發展及國家欣欣向榮，並為日後的政治經濟體制鋪下成功坦途，英國便是其中的典型。近代[1] 世界其他地區政治經濟的成敗，則繫於它們能否採取這些成功歐洲國家的作為。對歐洲國家及中國正負不同的評價，幾成為各式各樣中外學者相當一致的看法。《為什麼是歐洲》（Why Europe）、《歐洲奇蹟》（The European Miracle）和《西方憑什麼》（Why the West Rules: For Now）等書的命名，正好說明這樣的情況。

　　近十多年來，王國斌教授以比較的視野，檢視從事領土競逐、國權伸張的歐洲列國和農業帝國的中國的財政政策及政治哲學的異同，評估兩者之間相沿成習的反差，是否足以解釋不同類型的政治經濟

---

[*]　　原編者註：何漢威主要回應王國斌教授於交通大學的演講，亦即本專題論文〈近代早期到近現代的中國：比較並連結歐洲和全球歷史變遷模式〉之第二節。

[1]　　編註：當指「modern」，本書正文譯為「近現代」。

體，如何切合國家建構內的獨特模式，發表了一系列饒富勝義的相關論著。從其個人研究體驗，王教授指出，以歐洲例證的同異，作為對世界其他地區所見的政治財經體制利弊得失的評價，或失之偏頗；至於歐洲而外地區的政治財經體制的論述建構，學者若對近代早期全球政治經濟歷史，以及這一段歷史對隨後歷史變遷格局的可能關聯有為更深入的了解，並以之作為預測未來的指引，當可突破上述以偏蓋全的侷限。

本文以西方經濟史家的業績為基礎，結合王教授研究累積的心得，就近代早期到近代五百年間，歐洲與中國的財政關係這一大課題，置於政治挑戰及經濟機遇的歷史脈絡中，以簡短篇幅，要言不煩，發蹤指示，提出洞見，是一篇頗具啟發性的綜合性論著。

近代早期歐洲在列國互爭雄長的歷史脈絡中，國家形成與用兵籌餉密不可分；稅入不足時，政府還發展財政工具（舉債）籌措急需款餉。英國成功發展為財政國家（fiscal state）的經驗，每被擴大解讀為近代早期歐洲國家，奉行有助於財政商貿成長的政策的成果，而到近代，則聚焦於其發展工業資本主義的成功歷程。將這兩時期從國家形成到資本主義發展的過程連結起來，找出歐洲有別於其他地區的自然理路，將之視為世界其他地區國家的經濟脫穎而出的不二法門，對經濟史家特別具有吸引力。

王教授指出政治上及經濟上，近代早期財政體制的作用，隨著世界不同地區的國家所面對的挑戰及應付的能力而各不相同；中國從近代早期到現代的國家改造的政治經濟過程中，所奉行的財政政策的性質與意義也不同於歐洲或西方。他對16世紀以降，中國財稅體制的特質，以及政府從輕徭薄賦與為民提供社會秩序所需的基礎建設，如水利、倉儲（社會財）等出發所奉行的治國觀念，做了言簡意賅的勾

勒。田賦雖提供明、清帝國最為大宗的常規稅入，但兩代政府對自古流傳，藉著輕徭薄賦，減輕人民負擔，從而藏富於民的政治理想至為崇敬，宣導不遺餘力，蓋百姓足食，免於饑餒的憂慮，社會便隨而穩定，自然強化國家的統治。到19世紀中，國家因無法因應日益擴大的政治經濟需求，統治力量從而削弱。王教授依據其備盡心力所確立的明、清政府財政運作能力成敗的具體標準，提出其時的中國，政府既非如想像中專橫獨斷，國家也非效能低下，以致對經濟發展及人民福祉毫不相干，相反它還特別對開拓經濟成長的可能，發揮積極的作用的論證。

文中提及西班牙經濟史家尤恩－卡薩利拉（Bartolomé Yun-Casalilla）討論近代早期財政國家的最適度規模時，表示大國常因規模不符經濟效益，訊息問題及與遠地菁英分子協商的高昂代價而吃盡苦頭，長距離的經費移轉及其保安需要巨大的費用。管見認為這一見解是否完全適用於清代中國或有待商榷。資訊方面，有清一代，政府為明瞭全國各地糧食供需情況，建立了一系列的陳報制度，各級地方政府必須向上級陳報轄區內的降雨量和降雪大小，收成預計及實收分數，各種主要作物市價、人口、倉儲數額，以之作為公共財政管理的重要一環。全國性糧價的陳報制度設立，不但在中國，甚至在世界史上都是史無前例。清代幅員雖與歐洲相等，但在19世紀中葉前，清政府成功鞏固邊疆，實有賴於中央能協調省區之間的資源流向，將較為發達省分的常規及額外的資源轉移到較為匱乏的地區。以新疆為例，估計18世紀末葉，每年從中國本部轉調到該地的款餉高達845,000兩。

隨著歲月的嬗遞，筆者認為明、清帝國所奉行的統治方針所產生的後遺症狀也逐一浮現。輕徭薄賦既為明、清政府意識形態的信奉核心，量入為出於是成為理財的基本原則，像近代早期歐洲國家發展財

政工具（舉債）以開闢財源的辦法，根本無法考慮。在民生考量下，清政府認為恤民、養民當以田賦蠲免為先。康熙（1622-1722）年間每遇水旱災患，往往破格蠲免。綜計康熙一朝的蠲免，約為政府收入的一成。因財力充裕，乾隆（1736-95）時期蠲免的規模更在康熙朝之上。利之所至，弊亦隨之，每當乾隆皇帝下令蠲免正項稅收時，作為其成數而附徵的火耗，也總是從而獲蠲；這對倚靠田賦為主要稅入的省分衝擊尤甚。蓋18世紀地方存留比例約僅占全國總錢糧數的二成，財源本已捉襟見肘，頻仍的蠲免使地方政府無力應付公費及養廉銀所需，對地方財政造成相當壓力。

　　明代後期雖實施過全國性的土地調查，但土地數字編制的指導原則之一即為原額觀念；政府因人力、財力及時間制約，對整理田賦，僅著重於不使田額受損，而非履畝實測。清代財政上最優先的原則既為輕徭薄賦，故田賦管理的最大缺點，在於稅制僵化不靈，不能隨著經濟成長而增加收入。政府對田賦處理，基本上依賴明末紀錄，僅在若干細節上有所調整，自然對農業部門收入增加、物價水準變動，不能做出相應調整。於是國家支出不斷擴張，田賦在政府財政體系中所占的比重卻日漸下降。據王業鍵研究所示，從18世紀中葉到上世紀初，田賦稅入的絕對數目雖仍居政府總稅入首位，但其相對重要已大不如前。同期內，田賦中正稅的相對比重從80.7%降至53.1%，而額外加徵部分則從20%上下激增至47%，說明了田賦稅入絕對數目的增加，主要是憑藉額外加徵。即便如此，地方官員也須顧及老百姓反應，不能為所欲為；否則抗糧、抗稅，以至地方暴動隨之而來，對他們的仕宦前途，造成很大障礙。這也是19世紀中葉以降，賦稅結構與前截然不同的根本原因；其間最顯著的轉變厥為固有的農業稅收漸形退化，雜稅、鹽稅及新興的工商稅目日見增加。

英國經濟史家馬希斯（Peter Mathias）及歐布萊恩（Patrick K. O'Brien）在對英國和法國課稅的比較研究中做如下的評論：「舊制度（Ancien Regime）的弱點不是課稅過多，而是過少。」相當程度上，他們的判斷也許同樣適用於當日中國。

19世紀中葉以降，清政府面對多樣的政治挑戰。國內動亂結束，官員及地方菁英合力強固社會秩序的穩定時，外患問題又迫近眉睫。中國對西方的富強留下深刻印象，首要之務是仿效西方作法，藉以產生富國強兵的效果。甲午及庚子對外戰爭接連失利，大量的賠款及外債造成「出入平衡的長期破壞」，成為左右清末財政的大難題。1911年辛亥革命爆發，清朝覆亡，完成中華帝國失敗的一段插曲。

王教授以上的陳述大體正確。不過淺見認為清末在國運倒懸的關鍵時刻，政府的一番作為及其意義，似為多數史家所忽視，或有重新評估必要。清末最後十年間，面對財源困窘，支出浩大的挑戰，政府為了向近代轉軌，進入先進文明國家行列，並對19世紀中葉以降財權下移的趨勢有所整頓，遂對財政體制做了一系列改革。就所見，在煙禁尚未徹底展開前，清政府已逐步擴大對各省所產鴉片課稅的過問權；1904年以降相繼開辦的土藥統捐、統稅，便是明顯例子。財政機構方面，1906年9月戶部改名度支部而外，較早前尚有稅務處的設立。幣制方面，從1906年開始，中央政府對各省濫鑄銅元的現象，採取一連串補救措施，如調整貨幣供應量，委派欽差大臣調查各省幣政，藉以遏止各省濫鑄；1910年清政府公布幣制則例，統籌貨幣發行權於中央的努力，也於這時達到最高點。鹽務方面，鹽稅原為中央稅入，但到19世紀中葉後，新的鹽政機構如督銷局和官運局等相繼在各省出現；接著，掌管這些機構的官員侵奪鹽運使的職權，並將鹽道一職，變成有名無實。這類機構全由督撫掌控，逐漸成為省建制的一部

分。面對鹽政機關有增無減的脫序現象，清政府決定整理鹽政。1909
年底清政府設督辦鹽政處，任命載澤為鹽政大臣，將鹽政權（用人、
理財）全收歸中央。凡此種種，正好與日俄戰爭後清政府所實施，以
集權中央為目標的憲政改革相呼應；在財政改革中，清理財政尤為清
政府致力的目標。儘管種種不足，清政府卻能於短短兩、三年（1909-
1911）間，排除萬難，通過清理財政，編定各省《財政說明書》（其中
存在多樣缺陷，素質良莠不齊在所難免），是相對以往對省財政獲得
較為全面認識的第一步。過去中央未能掌握的財源造冊上報，沒有這
一認識，現代預算制度根本不可能在1911年實施。

　　中共革命成功，1949年中華人民共和國成立，歐洲的國家形成
與經濟變遷的論述，迅即落後於時代潮流。作為一個社會主義專政國
家，學者預期中國大陸的政治經濟體制特性，特別是財政政策方面，
會追隨蘇聯模式，代替標準的發展典範，偏離近代早期出現的西方模
式正道。王教授檢視中共頭十年的統治，就其時財政政策與中華帝國
晚期的加以比較後，提出不同意見：兩者之間相似之處頗多，後者對
前者的影響並非無足輕重。

　　王教授指出，中共當政前十年，如二百年前清代一樣，中央政
府立即重申對稅收具有單一權力，利用地方官吏為中央籌措及調動
稅入，直接的農業稅是國家財政策略的主要特徵，故意使地方政府處
於財力不足的境地等。上世紀五〇年代國家需要啟動大公共工程計畫
時，為動員人力物力而進行的政治運動，王教授則視作18世紀作法的
精煉及延伸，而非揚棄，儘管方式上，後者相對前者相形見絀。意識
形態方面，中共對大眾福祉的政治承諾，辭令上或強於儒家的陳述，
但就實際作為來說，有時反不及儒家的施政方針。有別於西方常見的
法律詞彙及公民權利義務的表述，兩者都共同聚焦於實質的物質條件

及經濟需求上。

　　管見認為王教授所見，或為歷史面相表象，而與其時事態發展
存在相當落差。中共建國之初，四十年來國內動盪遺留下來的殘局，
對當政者構成多樣挑戰。到1952年土改結束，農村經濟開始復蘇，
唯財富不均再現，富農新階級似有弱化黨對農村控制的可能；另一方
面，籌款以強化國防及啟動工業建設則為當政者的建國主軸。在國家
傾全力工業化，而其他可以大量累積資本的辦法闕如，以及工業勞動
力迅速發展，對糧食需求增加，因而抬高糧價的情況下，為強化資本
累積，確保城市獲得低廉的糧食供應，1953年1月政府廢除農產品私
人市場，開始對糧、棉等主要作物實施強制高定量、低定價的統購統
銷，以一種政府從未公開承認過的徵稅手段，強力及有效地榨取農民
餬口維生而外的剩餘農產品。為了貫徹這一嚴苛辦法，解決農業剩餘
緩慢增長與都市勞動力迅速發展之間存在的分歧與衝突，1955年夏
政府又以激烈方式，掀起「農村的社會主義高潮」（農業集體化）；通
過農業集體化，將榨取所得的農產品轉化為輕工業原料投入，或直接
出口賺取外滙，換取所需的機器設備進口，支援重工業建設及投產。
在這政策下，不但農民，即便工人的收入和消費，也備受嚴厲的控制
及壓抑，從而加強儲蓄及投資。同期國家農業發展策略的一個主要特
徵，厥為不斷地通過近乎無償的大規模群眾及勞動力動員，從事水利
排灌工程及農村其他「支農」建設。抵禦災荒的功能而外，這與限制農
民外流及隨意轉業息息相關，目的在防止昔日中國農村常見的逃荒，
實質上無異於「制度防禦」。在這政策框架下，中國大陸第一個五年計
畫（1953-1957）期間國內生產總值（GDP）年均增長率雖高達9.2%，
但統治者對產量出於空想的高估，也對1958年其所發動的大躍進造
成極大傷害，導致大饑饉遍地開花。直至1985年政府才終止了統購

統銷制度，廢除農產品收購價格中的「保護價」，改以合約收購或議價的方式取代。綜觀上世紀五〇年代中國大陸財政策略的發展軌跡，相當程度上，與在此之前蘇聯的農業集體化運動如出一轍，無疑都是一場通過殘酷榨取挨餓農民而達成的真正農村的「從上而下的革命」；其與中華帝國晚期的財政政策關係，則為斷裂而非延續。

回應四 [*]

和文凱

　　王國斌教授關於帝制晚期中國與近代早期西歐之間國家能力比較的報告，引發出一系列令人深思的問題。首先，在比較中西財政制度和國家能力的時候，我們究竟應該採用一個什麼樣的評價標準？其二，比較財政制度研究的著眼點，是僅僅侷限於財政金融的技術手段本身，還是將財政制度的運作放到更為廣闊的政治制度的背景中去考察？第三，從帝制晚期至中華人民共和國這麼一個長時段的財政制度演變過程中，究竟有什麼樣的歷史連續性與斷裂性？

　　最近一個時期，研究國家形成的大多數學者所關注的焦點問題，是國家是否具備對商業活動集中徵稅的能力。這樣一個研究取向，明顯受到英國財政史研究的影響。18世紀的英國政府不僅成功地建立對國內消費活動集中徵稅的制度，並將集中徵收的間接消費稅用來支付英國政府在金融市場上所發行長期國債的利息，集中徵稅制度成為捍衛英國政府國債市場信用的堅實基礎，這也就是我們所熟悉的英國工業革命之前所發生的所謂「金融革命」。需要特別指出的是，18世紀英國在發行政府長期國債上的巨大成功，即便在西歐國家中也屬於例外，並不代表西歐國家形成過程中的普遍經驗。

---

* 　原編者註：和文凱主要回應王國斌教授於交通大學的演講，亦即本專題論文〈近代早期到近現代的中國：比較並連結歐洲和全球歷史變遷模式〉之第二節。

　　如果我們以18世紀英國財政制度的成功作為標尺，那清代中國無疑是一個失敗的案例。清政府在鎮壓太平天國起義之前並沒有大規模地對商業部門徵稅。一八七〇年代以後，雖然釐金和稅務司徵收的關稅成為清政府財政收入的支柱，但清政府並沒有發展出一套類似18世紀英國政府所採取的集中徵收間接稅的財政制度。相反，清政府一直沿襲傳統的戶部指撥財政運作方式，中央政府的財政資源人多分散在各省，由督撫管理存留款項並根據戶部指令來運送協餉到指定省分。遇有緊急支出需要，戶部也會命令相關省分督撫跨省調撥資源。如果資金異常吃緊，戶部也可以調撥戶部銀庫的存銀或開捐納。

　　自平定太平天國起義至1894年中日開戰之前的這段時間，清政府的財政制度雖然保持分散管理的狀態，但運用傳統的戶部指撥體系依然能夠應付一些新的挑戰，如需費浩繁的西征、外債的償還，以及北洋海軍的建立。其中，北洋海軍新購軍艦的規模，迫使日本政府花費鉅資來擴張海軍，在取得與北洋海軍的軍力平衡之前，日本政府盡量避免與清政府在朝鮮問題上發生正面衝突。何漢威教授和我自己的研究，都強調我們不應該過分低估這一時期清政府的財政動員能力。如果我們考慮整個有清一代的政府財政運作，王國斌教授特別強調清政府具備以「垂直整合的官僚機構」來組織跨區域調動大規模財政資源的能力。在王國斌教授看來，這一能力一方面大大減輕了清政府通過深入滲透社會以榨取更多稅收的壓力，另一方面也減少通過發行國債來彌補政府開支的緊迫性。相對於以未來財政收入來抵押當下債務的18世紀英國政府，王國斌教授認為清政府是以「空間上的資源轉移」來代替「時間上的費用轉移」。的確，我們看到1850年之前的清政府通常是以「發商生息」的方式充當債權人，而近代早期的西歐政府大多數時候則是作為債務人而出現。

　　那麼在1895年之前，清政府是如何通過分散型的財政管理制度來協調各省督撫進行跨區域的資金和糧食調動呢？這裡，王國斌教授提醒我們對國家能力應該有更為全面的一個理解。在國家形成的研究文獻中，大多數學者將國家機器滲透社會經濟以榨取賦稅作為衡量所謂國家能力的一個指標。而王國斌教授則認為，雖然清政府在這一維度上面的確不如18世紀的英國政府，但清政府在依靠其「垂直整合的官僚機構」來調動資金和物資方面擁有不容忽視的國家能力。這是一個非常有啟發性的觀點。在中國史和歷史社會學的研究當中，清政府的官僚制度要麼被看成是無能而貪腐，要麼被認為是規模過小以致於對社會經濟沒有什麼實質的影響力。但從清政府跨地域調動資金和物資的頻度和規模來看，我們有必要對清政府官僚制的能力做一個重新的評價。無論是賑荒時各省之間的糧食和銀兩的轉移，還是軍費的調動和戰後軍費的奏銷，以及平時戶部對各省賦稅徵收和開支的奏銷審計，這些財政運作涉及大量繁瑣的帳目核對和計算，需要相當多的專門人員。雖然清代財政制度中的定額管理在一定程度上可以減輕戶部管理全國財政的難度，但奏銷制度運作本身的工作量依然是驚人的。與18世紀清政府繁瑣的軍費奏銷相比，同時期英國政府對支出的管理顯得相當鬆散。海軍作為政府最大的支出部門，每年僅向政府報告花費的總數而不提供支出明細帳目。這樣一來，英國政府也好議會也好，顯然不可能對海軍的經費使用進行審計。如此管理政治經費，在清代戶部官員眼裡簡直就是無法想像的事情。由此看來，我們不應該用韋伯的所謂「理想型的官僚制」作為標尺來評價清代中國的財政官僚制度，而是應該具體考察其財政制度運作的實態，在此基礎上再與同時期西歐國家財政制度的實際運作進行比較。

　　清代中國政府分散型財政管理制度的政治基礎是什麼？針對這

一問題，王國斌教授提出將財政運作放入更為廣闊的政治背景中去考察。在他看來，帝制晚期的中國的政府財政運作與中國特有的「善政」或「良治」概念（a Chinese notion of good governance）[1] 密切相關。這樣一個「善政」概念既包括輕徭薄賦，也包括公共物品的提供以及維護社會秩序。從全國層面看，公共物品的提供與清政府跨地域調動資金和物資關係密切。中央的政治權威是戶部命令督撫向其他省分或邊疆地區轉移協餉、賑災銀兩或糧食，以及河工物料等財政運作的政治基礎。而中央的政治權威並非源自皇帝的專制權力，而是基於皇帝、大臣、督撫、知縣，甚至地方士紳所共同認可的「善政」概念。以18世紀常平倉的運作為例，清政府強調整個疆域的「大公」優先於個別省分之「私利」，一旦地方發生嚴重災荒，清政府經常會命令非受災省分的督撫將本省常平倉所貯的部分糧食調撥到受災嚴重的地區，同時嚴禁督撫以保護地方利益為藉口來阻礙商人將糧食運往災區。在地方層面上，「善政」的概念主要體現在地方公共物品的提供方面，如修橋築路以及地方水利設施的興修和維護等。「善政」作為政府與地方士紳共同認可的統治概念，成為地方政府與士紳在公共物品提供上展開合作的政治基礎。一方面，經費不足的地方政府在公共物品的提供上面需要依賴於地方士紳的出資和組織；另一方面，當地方士紳在資金募集或工程組織方面需要動用強制性政治權力時，地方政府也能出手支援。例如乾隆朝至道光朝這一時期，督撫在得到戶部批准之後，經常將政府經費「借給」地方士紳，用於疏浚河道、整修堤壩等水利工程。此項借款沒有利息，事竣之後從工程受益地方的錢糧中攤徵還款。

　　王國斌教授所指出的財政運作的政治基礎是個相當重要的問題。

1　編註：本書正文譯為「中國式善治觀」；本文所稱「善政」，本書正文譯為「善治」。

但「善政」這一概念究竟是明清中國所特有，還是另有更為普遍的政治意義，這是一個值得進一步討論的議題。我個人傾向於把「善政」看成宣示國家權力正當性的一個表現，在近代早期國家形成過程中具有普遍性。輕徭薄賦作為一種「善政」的概念也同樣流行於西歐國家。18世紀的英國國民稅收負擔大概是世界上最重的一個國家，但英國普通民眾普遍視此為「惡政」。同樣，公共物品的提供也是表現國家權力正當性的重要手段之一，當大型公共物品的提供需要資金和物資的跨地區調動的時候，國家的協調和組織通常是不可或缺的。以德川日本為例，雖然幕府沒有管理全日本的官僚機構，但遇到一些大型水利工程時，幕府作為中央政府，同樣會調動各藩（包括所謂的「外樣」大藩）的人力與資金。在遇到嚴重饑饉的時候，幕府也會命令藩政府將其貯存的糧食調出部分運往飢荒嚴重的地區。當然，幕府跨地區調動資金和物資的規模跟同時期的清政府不能相提並論，但二者在國家權力正當性方面的考慮應該是一致的。

　　帝制晚期中國與中華人民共和國在財政制度發展上面有著什麼樣的連續性？王國斌教授認為連續性主要體現在以下幾個方面：中央政府調動地方政府來進行區域間的財富轉移，地方政府的經費不足，以及共產黨政府對大眾民生問題的重視（有時甚至以犧牲個人權利為代價）。我這裡想強調斷裂性的一面。在韓戰鉅額軍費和大規模重工業化的雙重財政壓力之下，共產中國在1953年開始對全國的糧食、棉花甚至植物油實行「統購統銷」的政策。工業界的國營公司將每年的利潤上繳國家，來年的生產則是由國家計委根據計畫下撥物資。從國家全面掌控社會經濟物資的角度看，1953年至1978年的中國並不是政治經濟學意義上的「租稅國家」（the tax state），而1978年之後的改革開放，也可以說是中國重新走向租稅國家的一場變革，但這一變革

過程尚未完成。1994年分稅制改革之後，稅收的分配傾向於中央，開源乏術的地方政府越來越依賴所謂的「土地財政」，即通過土地出賣和租讓獲取財政收入，或是利用土地作為抵押以獲得銀行貸款。土地財政及其背後的土地國有化制度，對清代官員來說都是不可想像的事情。當代中國財政制度根本性的變革，可能要等到土地財政枯竭的那一天。

回應五 *

黃克武

　　謝謝陳國棟教授的回應，他的評論一方面把王國斌教授的內容做了清楚的摘述，同時也提出一些非常關鍵性的問題。

　　對我來說，要回應王教授的演講有點困難。因為我多年來所從事的研究題目都是個案式「小歷史」，不是宏觀性的「大歷史」。我開始研究清代的經世思想，是以魏源的《皇朝經世文編》為個案；接下來研究梁啟超、嚴復、胡適、蔣介石、賀麟等人物的生平與思想，也是個案式的。我的老師告訴我的一句名言是：「上帝在細節之中。」我的研究取向因而傾向於從歷史細節中去掌握歷史的意義。基本上我不研究大歷史的題目，但是對於大歷史當然是心嚮往之。例如我很欣賞黃仁宇、金觀濤等先生的作品。

　　王國斌教授的講題屬於大歷史，他要談 1750 至 2000 年之中接近二百五十年的歷史，其中不但處理了長期以來中國工業化的一些問題，而且在地理上包括了中國與歐洲。這樣的廣度與深度都不是我所能夠完全掌握的。但是我讀了這篇文章之後卻發現十分的親切。這一篇大作所處理的議題雖為經濟現象，卻不是傳統的經濟史。他和黃仁宇在《中國大歷史》一書中所說的大歷史有所不同。大家知道黃仁宇談

---

*　　原編者註：黃克武主要回應王國斌教授於中研院的演講，亦即本專題論文〈近代早期到近現代的中國：比較並連結歐洲和全球歷史變遷模式〉之第三節。

到「十五吋的等雨線」、「數字化管理」、「高層管理」、「低層管理」等影響中國歷史走向的結構性因素，以及結構的延續性等。另一方面，此文跟馬克思主義的歷史解釋，如階段發展、下層決定上層等說法，也截然不同。

　　王教授的文章中首先反駁了幾個過去歷史的研究典範，包括從費正清的「挑戰與回應說」、現代化理論（也包括五四話語）等，然後在此基礎之下他提到如何重新理解大歷史的一個可能性。我覺得非常有意義的是：首先他把人跟觀念納入到傳統的經濟史之中，而他所談的產業、結構、制度等背後都有人的因素在其中，包括當時的人們怎樣理解他們所面對的時代與如何面對挑戰而提出對策等。

　　其次我覺得王教授所談的內容裡面有一個很重要的觀點是打破過去很多種二元對立的說法。二元對立包括傳統與現代的對立、新與舊的對立、官與紳對立、商人與士紳的對立、城鄉的對立，還有就是農業、手工業跟工業之間的對立等。在打破了二元對立的說法之後，我們更能看到中國特殊情況之下各部門之間的交織互動。對於思想史研究者來說，從張灝先生開始提出「近代中國的轉型時代」的一個解釋架構，用來說明從傳統到現代的變遷，我認為這個轉型時代的觀念可以配合王教授的說法。

　　這一次演講中王教授所處理的範圍主要從清中葉到20世紀，這段期間的後半部也是我研究的對象。王教授特別強調傳統到現代的過程不是一個「取代」的過程，而是慢慢地在傳統的邏輯之中演變。這種邏輯不單是包括一種社會、經濟的安排，也包括王教授所講的新的可能性，如人與思想的因素。我覺得這是一個非常敏銳的觀察。從這裡我們可以看到在王教授特別著重的二百五十年中，有一個以傳統內在的肌理為中心而展開的變化，此一變化不但有思想觀念的變

化，也有傳統制度與結構性的面向在這個過程裡面逐漸融入了新的因素，而展現出一個新的局面。王教授很喜歡用的說法是：old logic、new subject 或 new situation 等。[1] 我覺得這個說法也跟我的老師墨子刻（Thomas A. Metzger）教授的想法有類似之處。墨先生第一本書《清代官僚的內在組織：法律、規範與溝通的面向》（*The Internal Organization of Ch'ing Bureaucracy: Legal, Normative, and Communication Aspects*, 1973）談清代官僚組織，第二本書為《擺脫困境：宋明理學與中國演變中的政治文化》（*Escape from Predicament: Neo-Confucianism and China's Evolving Political Culture*, 1977），這兩本書其實都牽涉到組織的轉變，跟思想觀念（特別是宋明理學）在這個轉變過程中所扮演的角色。我覺得墨先生所提出來的一些觀點，在某種程度上可以配合王教授的觀念。墨先生在《清代官僚的內在組織》一書裡面用《處分則例》來看清代的法律跟清代官員，嘗試指出清代的官僚有一種類似西方「新教倫理」的「probationary ethics」（待罪倫理）。我們可能不確切知道此一倫理在這個歷史過程裡面扮演什麼角色，但是無疑地這種傳統的精神動力在他們解決新的世界挑戰中扮演著一個不容忽略的角色。墨子刻教授在《擺脫困境》一書中又講到，當晚清知識分子在觀念化他們面臨新的情境的時候，他們追求的「目標」多半是來自傳統。在西力衝擊之後所發生的變化是，西方提供很多新的「方法」來幫助這些知識分子實現

---

[1]　編註：依本書正文及附錄之脈絡，「logic」應是指某些事務之處理或某些現象之運作的「邏輯」，例如中國古代的善治觀念在近現代共產革命後仍然發揮作用，便是「舊邏輯」；「subject」指人們所關注並從事的「主題」或工作，例如環境劣化和氣候變遷對農業造成的影響便是晚近人類世界的「新主題」；「situation」指「狀況」或處境，例如清代中國因條約而賠款纏身、我們當今面臨氣候變遷危機等等，便是過去沒有的「新狀況」、「新處境」。

傳統的理想。我覺得對於清末的知識分子來說，他們有一個很清楚的價值取向，而這些源於傳統的價值取向影響到他們對於工業化過程中採取的策略跟努力的方向。這個部分是我從思想史的角度讀來特別感到趣味，而發現王教授的說法與他人的研究能相互發明。由此可以看到王教授所採取的大歷史的路徑，一方面擺脫過去結構主義或馬克思主義的解釋方式，另一方面也擺脫了現代化理論中傳統、現代的二分法，而從一個更新穎的角度來處理長時段的演變下中國工業化的重要課題。

　　接下來我想回應一下國棟先生所談到的幾個問題，我覺得他點到的幾個問題都很重要。首先從題目的「industrialization」（工業化）這個字開始，因為我研究近代中國詞彙翻譯的歷史，我覺得各種的關鍵詞彙需要了解其歷史與內涵，亦即需要解開（unpack）詞彙之中到底包含了什麼東西，並了解其變化。王教授的題目為industrialization，誠如陳國棟教授所指出的，當我們把industrialization的意涵加以剖析時，會發現此一詞彙其實並不是一個定義很清楚的觀念。尤其當我們將它放在一個長遠歷史發展之中來看的話，在不同階段所指涉的內容可能有很大的差異。剛才陳國棟教授用「浮動性的了解」來說明，我認為這是一個非常好的陳述。無論如何，在這個浮動的過程裡面，到底什麼是industrialization？這可能需要進一步來釐清。同時，industrialization跟晚清很多人所說的「實業」是否相同（如孫中山有「實業計畫」），也是一個值得好好考慮的議題。

　　第二點是，陳國棟教授談到很多比較性的問題。這讓我想到王教授在這篇文章的篇名裡面，使用了「China and Europe」。我想問的是：「and」是什麼意思？因為我覺得王教授很明顯地不是要比較，更不是用一個目的論的過程來比較，他的作法可能是「對照」

（contrast），而對照裡面與中國經驗相對比的對象，有時候是歐洲，有時候是回教世界。問題在於我們應該如何將中國的經驗放在全球史的脈絡之中來考察？對照之後如何呈現中國的特點？這些部分讀者還需要解惑。

第三點是，陳國棟教授談到「富強」跟「民生」的兩個概念，王教授的文章裡面也談到這兩個概念，我覺得這兩者有重要的區別。當清末時，「富強」的確是一個很核心的議題，王教授對這議題有相當深入的分析。史華慈（Benjamin Schwartz）有關嚴復的書（《尋求富強：嚴復與西方》〔*In Search of Wealth and Power: Yen Fu and the West*〕）也強調「富強」對於清末知識分子的重要性。但是另一方面，「富強」跟「民生」之間的關係可能需要再思考。如果說「富強」是以韋伯所說工具性理性為基礎所追求的「現代化」，那麼「民生」並不完全等於富強，而具有一層價值的意涵。民生為中國傳統的觀念，不只能溯源到二百五十年前，甚至有更深遠的傳統。在industrialization的過程之中，民生所發生的作用為何？此一作用是否造成了所謂「中國特色」？這些問題都值得再做挖掘。

第四點是談到1904年的聖路易（St. Louis）博覽會，王教授指出展示的內容，基本上是工藝而不是工業。中研院近史所的同事王正華的一篇文章，注意的反而是另外一個面向。王正華論文的標題是〈呈現「中國」：晚清參與1904年美國聖路易萬國博覽會之研究〉，收入黃克武編《畫中有話：近代中國的視覺表述與文化構圖》（台北：中央研究院近代史研究所，2003，頁421-475）。這牽涉到，如果要討論1904年聖路易博覽會，或1897年芝加哥、1850年倫敦博覽會，這些博覽會的意涵或許並不能直接等同於現代的工業展示，而有其他的意義。博覽會在當時人心目中所具有的意義可能也需要再做思考。對於晚清

的人來說，其一方面展示中國目前生活的狀況，另一方面也是展示文化性的中國。這一個部分的分析可以放在經濟以外更廣的視野之中來觀察。

　　第五點，陳國棟教授談到經濟政策跟經濟活動之領導的問題，這也是一個非常關鍵性的問題。到底晚清有沒有經濟政策？我們知道當時有政府所主導的經濟政策，例：官督商辦，如張之洞、李鴻章的理念等，有各式各樣的經濟活動之決策。但是如何來看這些經濟政策和其有效性，仍值得再思索。對於某些經濟史學者來說，他們所看到的顯然不是很清楚的政府所主導的經濟政策，領導著大家朝著一個明確的方向去努力；反而他們看到的是很零散的歷史圖像。這兩種構想似乎是不同的處理近代以來經濟發展的方式，這方面究竟如何，仍值得加以釐清。不過我認為至少在自強運動期間，以李鴻章、張之洞為中心，還是有很強的經濟規畫，特別像福州造船廠、船政學堂等，都是規畫非常完善的機構。

　　這也涉及我們討論從晚清到20世紀之後經濟發展的一個重要變化即蘇聯因素與國營化、集體化經濟的影響。我們前一陣子在近史所談「國共關係與中日戰爭」的時候，日本信州大學的久保亨教授在〈蘇俄在戰時中國：重慶國民政府經濟專家眼中的蘇聯經濟〉一文中也談到20世紀之後，中國開始有一些新的經濟政策，其中有一部分是受到俄國的影響。我覺得這是非常重要的論點。例如20世紀中國對日抗戰（一九三〇至四〇年代）期間，在中國有一批拉斯基（Harold Joseph Laski）的學生，控制了資源委員會，他們以國營化的方式從事了大規模的經濟開發及資源的壟斷，這樣的情況顯然跟中國之後的發展有一定的關係。到了五〇年代以後，胡適開始用海耶克（Friedrich August von Hayek）來抨擊國有化的路向，主張在台灣應走資本主義經濟體系

的自由經濟路線。1949年以後的大陸則採取不同的社會主義的發展方向。我想這近百年來的經濟發展，除了傳統的延續之外，也有一些新的變化，而這些新的變化跟20世紀中後期的發展有密切的關係。

附錄 ————————————————————————————

王國斌回應

王國斌著，李立凡譯

　　〈近代早期到近現代的中國：比較並連結歐洲和全球歷史變遷模
式〉有機會出版，我心懷感激。首先我想感謝邀我赴台的劉紀蕙教
授，以及將我的英文文稿譯成中文的諸位同學和同事們。這篇文章旨
在闡明中國史學者整合諸般歷史敘事時所面對的一項恆常挑戰（當專
攻不同時期和地區的史學家企圖將他們的研究與更大的世界或全球歷
史框架聯繫起來時，這項挑戰變得尤其嚴肅）：中國史學者與世界其
他地區的史學家一樣，日益有志於將自己的工作貢獻給世界各個地區
彼此相互平行、分殊且終將有所聯繫的歷史。這些歷史整體創造了我
們的全球現況。過去曾經有一種預期，認為地球上眾民族與各地方將
朝向一個共同的未來而匯聚，而這個共同的未來則是由西北部歐洲和
美國率先實現的特質所界定，而歷史學家們越來越對這種預期抱持高
度的警覺。如同那些歷史學家一般地，我們發現很難建立衡量的方
法，藉之辨識世界各地之相似與差異是如何影響它們邁上各種歷史變
遷之路。本文[1] 提出的策略建議乃針對三大問題領域：宗教與政治的
關係、財政政策與作法的演進，以及工業化的過程。我也很榮幸在早
先的系列演講（也是本文的底本）中收到六位不同學科和史學專長的學

1　　編註：此篇回應中所稱「本文」，均指原《文化研究》2014秋專刊中〈近代早期到近現
　　代的中國：比較並連結歐洲和全球歷史變遷模式〉一文。

者之評語（其中五位提供了書面的評論）。

　　第一個主題是宗教與政治的關係，此節[2]最為困難，且需要額外增寫始能避免本文所引致兩位評論人之誤解。朱元鴻教授展開其評論的方式，大體上與我設定下述問題的方法相同：該如何解釋何以似乎遍及全球的政治化宗教（politicized religion）現象並不包括中國大多數地方之宗教政治化（politicization of religion）（Mark Juergensmeyer, 2013: 234-254）。朱教授好奇我是否基於歐洲的情形，而對中國宗教與政治關係裡的世俗性格強加問題。他也無法理解，我是基於何種邏輯，決定以11世紀作為比較中國的宗教與政治關係的起點。宗教和政治是適用於所有社會的普遍範疇，然而，兩者間的關係在各地可能截然不同。我的用意並非強使中國適於歐洲歷史之特點，而是要展現宗教與政治之關係在歷史上如何及為何這般不同，而這又如何影響了在某一地區更常看到但在其他地區卻較少發生的某些現象。針對中國而從11世紀著手的道理是因為中國國家對宗教作法的管理在宋代開始成形，這是我先前所稱「新儒家社會秩序議程」（neo-Confucian agenda of social order）之更大統治策略的一環（Wong, 1997: 105-126）。我們可見此時期國家企圖建立凌駕於宗教作法（這些作法既演變自地方傳統與經驗，亦來自如中世紀天主教廷般更大的宗教體制）之上的官僚秩序。根據伯爾曼的得獎著作，我主張歐洲的宗教與政治關係有一關鍵特點是教會法及其作為他種法律之模範的角色，進而間接為歐洲民族國家的形成奠基（Berman, 1983）。中國宗教與政治關係之關鍵則非法律而是官僚體制，而此一官僚體制對宗教（正如對其他地方社會實踐

2　　編註：此篇回應中所稱「節」，均指〈近代早期到近現代的中國：比較並連結歐洲和全球歷史變遷模式〉之各節。

事務一樣）的作用是由地方菁英的努力所輔助的。此論證非關法律在中國和歐洲的角色，而是關於宗教與政治的關係；因此要求我談論中國法律或者解釋歐洲行政官僚體制的形成（此為稍後世紀才發生的現象）都沒有太大意義。處理這些主題中的任何一個，都會使我們偏離歷史上政治與宗教關係的焦點，而政治與宗教的關係正是影響著宗教與政治的聯繫在更晚近時期之所以有不同可能途徑的原因。

　　當我們談到更晚近的時期，朱教授認為歐洲國家選擇了不要穿透（penetrate）社會而將如宗教之類事務留給人民自己。當然，正如我也希望能夠充分描繪，在國家特權（state prerogatives）舞台的確立過程中，宗教被置入市民社會（civil society）領域之內。然而西方國家對社會的穿透在很大的程度上是更為世俗的計畫；那是19世紀的一項計畫：為人們建立軍事服務，為增加中的年輕人口提供基礎教育（primary education），為人們精心打造意識形態的籲求（ideological appeals），訴諸他們身為一個民族而共享的歷史並以此為大眾社會認同的基本面向。國家對社會的這些穿透普遍被理解為近現代國家的特點，其中許多在史考特（James Scott）的《國家的視角》（*Seeing Like a State*, 1998）中已獲有效說明了。

　　朱教授所提起的最後一項顧慮和鐘月岑教授相同，也就是說，依據我的論證該如何理解1949年後的政策及作法，以及在我文中涉及的於一九六〇年代台灣嶄露之新穎且重要的、以佛光山為奠基者和領袖的佛教組織。我認為，若從歷史的視角來看政治與宗教的關係，則我們可理解中國政府對星雲大師毫無保留地接納的這個現象。兩位的評論都擔心從歷史視角來觀察1949年後的中國會掩蔽了毛時期的新與變。我則認為，應該更加普遍認知到的是，我們太過習於關注1949年的分界所致之斷裂，以及蘇聯對中華人民共和國的意識形態和體制

作法之重要影響。藉著提出一個歷史視角，我並非建議以此取代較為慣常公認的視點，而是作為關鍵性的補充，因為這更有助於理解許多中國當今的作為（在此所論為宗教與政治的關係）和其他人所指出的全球趨勢之運作不盡相同之處——此即本文該節的起始點。這個申論並非意指中華人民共和國國家與先前帝制中國政府相同，如此顯而易見的　點就不必多做強調了。

　　同樣的歷史視角可幫助我們了解慈濟此一非政府組織（NGO）之效能的出現。我前文提到了更廣泛的新儒家社會秩序議程，它為以菁英為基礎的社會行動（elite-based social initiatives）保留了相當的空間，而以菁英為基礎的社會行動很能符合人普遍理解的、有關如何促進社會秩序的一整套政治議程。就歷史而言，宗教組織及活動充滿了大部分的中國社會空間，此即勞格文所論中國作為一「宗教國家」之所本（Lagerwey, 2010）。我想要澄清，我認為將中國稱為宗教國家與把國家想像成具世俗性質都問題重重，因為在我看來國家非屬世俗亦非宗教，如此將宗教領域和國家範疇二元對比的情形並非鎔鑄於中國歷史之內。這個看似曾被大多數社會中的官員和人們所共享的概念範疇，其實是不久之前才在中國出現的。

　　然而，在中國環境中形成的政治與宗教的分野，如今在歐美卻不再如此清楚地區隔。歐美的宗教團體積極推動政治議程，削弱了世俗和宗教的區隔。而伊斯蘭教主導的國家其宗教在政治中的音量普遍遠大於一九九〇年代之初所見，當時學者更加意識到全球化已經創造一種始於一九八〇年代的新世界，福山（Francis Fukuyama）則在1992年寫下長達一整本書的宣言，聲稱我們已行抵「歷史的終結」（the end of history）。福山的誤解並非在於經濟全球化其實沒發生，而在於他遺漏了全球化也包括政治化之宗教日益突顯的現象（包括福山的後續著

作在內的許多人都提到了這一點）。我處理中國和歐洲的政治與宗教
則尋求連結起這些從11世紀就開始顯著分歧的模式；此一作法肯認了
對於了解世界各地的變異而言，歷史仍有著持續的相關性，而且，這
些地區毋庸置疑地一如人類史的其他時期一樣是彼此相連的。

　　我對約莫自1500年以來的中國與歐洲財政史的討論，得到審慎研
究過中國經濟史和政治史的學者的兩份評論。我同意何漢威教授發表
的一系列觀察，包括指出所謂「帝國的龐大規模必然導致其效能低下」
這項聲稱在經驗上是錯誤的，證據是何教授提到18世紀中國的糧價
奏報制度（grain price reporting system）或者魏丕信（Pierre-Etienne Will）
與我及其他三位合作同仁於近二十五年前發表的社倉系統（civilian
granary system）之研究——《養民》（*Nourish the People*, 1991）。何教授
也提到18世紀時國家被批評徵稅過少，尤其不符地方政府所需，而
至19世紀時轉向商業稅。針對18世紀徵稅不足的批評，我只想補充
一點，類似何教授對尤恩－卡薩利拉所主張帝國原則上效能低落的回
應。我們必須觀察官員如何與菁英合作，為非比尋常的計畫籌募所需
資金且得以使資金在帝國內周轉，和文凱教授的觀察就提及此二點。
針對後1949時期，何教授提出與本文宗教和政治一節的評論者相似
的顧慮，亦即1949年後的差異遠遠大於任何歷史上的相似點。我的
回應是，這些差異可被理解為在一條與其他國家極為不同之道路上的
各種變遷，也就是說中國回歸到依賴汲取農業而非商業與工業的道路
上。此一變遷有違更普遍的近現代期望；要領會這個移轉，方法之一
是將此變遷置於歷史的視角中。歷史視角之目的與其說是在聲明延續
性，不如說是強調辨識路徑依賴式的變遷型態。

　　和文凱教授評語的開頭簡潔概述了我的取徑，接著提出對公共財
的極佳討論，並促使他問了有關「善治」一詞的重要問題。此一詞彙是

被研究的歷史人物（historical actors）所明瞭的，抑或是我所提出的觀察者的範疇？它其實是觀察者的範疇，我在本文中使用它，是朝向我在後續有關中西「善治」觀念的長篇討論著作的第一步。該詞在西方甚為通行，而且是出現於非常不同的議題群組中，即它是與關於企業如何運作的問題一同開始的。就眼下目的而言，我希望我們對此詞只聚焦於中國人擁有判斷政府表現良好或低劣的實質衡量標準。最後一點是何、和兩位教授對我在已變遷的歷史條件之間尋找連結性所提出的意見。再次地，這些疑慮呼應了針對本文宗教與政治一節兩位評論人提出的意見。在我已經對此主題做出之說明以外（那些原則於此仍適用），我想增加一點：中國作為一個帝國和當代國家的空間尺度，提醒我們在考量跨越不同時間而可能有的連結方式時，應該要注意其連結方式是無法在歐洲的情境中發現的，因為歐洲國家的空間規模總是較小的。僅在非常晚近歐盟才建立一個規模與中國相近的政治空間，而此一歷史變遷的意涵是，要了解當今歐洲特定財政作法和更普遍的治理之問題，應該以擁有與廣大政治空間相搏之長遠歷史的中國為一增益的視點，而不僅縮限於考慮歐洲本身。

　　黃克武教授的評語以及摘要另一位評論人陳國棟教授所提出的關於中國工業化議題，非常思慮周延地指出：我所提出的經濟史研究取徑，與傑出的思想史家（包括張灝和墨子刻）探究20世紀思想和社會之變遷議題的方法之間，有若干相似之處。正如他所指出且同意的，我強調歷史人物本身所使用之範疇的重要性，我的取徑自當採藉思想史家使用的詮釋策略。而我認為自己對工業化的論證不同之處，在於試圖估量：歷史人物認為工業化對他們有何意義，不僅反映和影響決策者和大小企業家考量工廠生產和較小規模的工藝製造活動時的決定，而且，還將正面遭遇經濟學所解釋的工業化之可能性和問題。

因此，雖然將解釋一個經濟史現象的工作連結到其他研究的方式有很多，但本文該節仍有一些關鍵成分是特意要將工業化議題作為一經濟性的過程來探討。

　　總結而論，本文三節均各有其特定的問題群要面對，第一節是關於國家形成的特定面向，第二節是政治史與經濟史交會的問題，第三節則直截了當是經濟史主題。整體而言，本文試著為一項挑戰做出示範：要如何辨識出一些長期歷史變遷與轉型，將近代早期和近現代的中國歷史經驗連結到世界其他地區的歷史（尤其歐洲和美國），並有助於我們區辨世界不同地方循以行至今日且可能繼以邁向未來的各條道路。

參考書目

Berman, Harold J.. 1983. *Law and Revolution: The Formation of the Western Legal Tradition*. Cambridge, MA: Harvard University Press.

Juergensmeyer, Mark, ed.. 2013. *Thinking Globally: A Global Studies Reader*. Berkeley: University of California Press.

Lagerwey, John. 2010. *China: A Religious State*. Hong Kong: Hong Kong University Press.

Scott, James C.. 1998. *Seeing Like a State: How Certain Schemes to Improve the Human Condition Have Failed*. New Haven: Yale University Press.

Will, Pierre-Etienne and R. Bin Wong, with James Lee and cantributians by Jean Oi and Petor Perdne. 1991. *Nourish the People: The State Civilian Granary System in China, 1650-1850*. Ann Arbor: Center for Chinese Studies, University of Michigan.

Wong, R. Bin. 1997. *China Transformed: Historical Change and the Limits of European Experience*. Ithaca: Cornell University Press.

譯者後記

李立凡

　　當初因緣際會受李卓穎教授邀請協譯王國斌教授來台灣的系列演講，至今負責翻譯此書，過程頗有變化發展，且譯者承蒙多方關照協助，想藉此機會說明並表達感謝之意。

　　翻譯體例方面，本書雖是譯作，但王國斌教授的原文書稿實則並未出版。由於考量讀者可能無法另行查閱原書，所以凡是重要或比較複雜的譯詞，都盡量附上原文以供對照。倘因此影響閱讀流暢和視覺清晰，請讀者見諒。

　　譯文發展方面，在譯者參與翻譯王教授演講之前，已有胡芷嫣、廖晏顥及歐陽廷杰等幾位譯出部分講稿的雛形。雖然相關內容在後來寫入此書的過程已歷經大幅修改，且還新增若干章節，但部分文句及譯詞的基礎仍在（主要見於第二至四章）。此為譯者所不能掠攬全功，而必須予以肯認。

　　學術涵養方面，譯者在此領域畢竟資淺，惟蒙王國斌教授、劉紀蕙教授及李卓穎教授願意予我晚輩以此磨練機會，因此雖自認學養不足，但仍全力以赴以不辜負師長們的肯定及鼓勵。從講稿至本書的翻譯過程，作者王教授在百忙之中展現無比耐心，信函往返間回答問題並解釋意旨時，既詳盡又親切，其風範讓身為晚輩的譯者無比感懷。同時，李老師、劉老師均慷慨撥冗提供諮詢，邱澎生老師亦在撰序之餘惠賜豐富的意見，他們都為譯詞和行文提出許多極佳的建議，實是

感激不盡。另外，也必須感謝三位匿名審查人，在評閱王教授正文內容之際，直接或間接提醒了翻譯上若干值得改進之處，讓譯者得以修正。

到編輯出版階段，負責編校的郭佳鉅細靡遺比對原文，提出疑問並修潤文句，用心遠超出編輯本務；倘本書譯筆不致貽笑大方，其功不可沒。此外，譯者也希望對居中聯繫及提供行政協助的幾位交通大學文化研究國際中心同事蘇淑芬、林郁曄、唐慧宇、王慧如和謝萬科，表達誠摯的謝意。

最後，請容譯者藉機感謝家父李義雄先生及家母柯素滿女士。他們雖非學界出身，但不僅在翻譯此書期間，各憑學養及實務經驗為譯者初步釋疑解惑，更在這功利及科技掛帥的年代，長年無私支持身為獨生子的譯者從事人文學術方面的工作。

當然，翻譯上若有辭不達意或未能生動體現王國斌教授行文風格，甚至因訛誤或不妥而妨礙閱讀等等不足之處，譯者責無旁貸，亦敬請各位讀者先進不吝賜教。

2018年夏誌於苗栗後龍

作者／譯者簡介

作者　依姓氏筆畫排列

王國斌

加州大學洛杉磯分校歷史系傑出教授，2004-2016年間擔任該校亞洲研究所創所所長。著述、合著及編著俱豐，包括《轉變的中國：歷史變遷及歐洲經驗的侷限》（*China Transformed: Historical Change and the Limits of European Experience*, 1997）以及與羅森塔爾（Jean-Laurent Rosenthal）合著之《分流前後：從政治經濟視角解析中國和歐洲的變遷》（*Before and Beyond Divergence: The Politics of Economic Change in China and Europe*, 2011）；另有約百篇期刊論文和專書章節出版。作品曾以英、中、日、法、德等多國語言，發表於北美、東亞與歐洲各地。曾於英國倫敦政經學院、法國高等社會科學院、法蘭西學院、中國復旦大學、華東師範大學、台灣中央研究院及日本京都大學等機構客座訪學。自2009年起，任復旦大學社會科學高等研究院特聘客座教授。目前為巴黎經濟學院科學委員會及日本綜合地球環境學研究所研究計畫評估委員會之委員。

朱元鴻

美國德州大學（奧斯汀）社會學博士。現任交通大學社會與文化研究所教授。曾任東海大學社會學系教授、德國法蘭克福社會研究院訪問學者、法國巴黎第八大學哲學系訪問教授、烏干達馬克雷雷社會研究所訪問教授。研究領域包括社會思想史、當代社會與文化理論、都市民族誌、文化研究。著有《我們活在不同的世界：社會學框作筆記》以及中英文期刊與專書論文約五十篇。編有《孔恩：評論集》（與傅大為合編）、*Biopolitics, Ethics and Subjectivation*（與Alain Brossat、Rada Ivekovic、Joyce C. Liu合編）；曾任《文化研究》創刊主編、麥田「理論與當代戰爭」書系主編。

李卓穎

國立清華大學歷史研究所副教授。研究領域為十世紀以來的中國歷史，也就是宋代以降的歷史過程。特別感興趣的有幾個課題：公共事務（尤其是水利）中，國家與地方菁英關係之變化，及其在實踐與論述上的效應；遺民的歷史書寫及其政治意涵；戰爭記憶。

巫仁恕

國立台灣大學歷史學博士，現任中央研究院近代史研究所研究員。研究領域為明清城市史與明清社會文化史，主要聚焦於明清城市群眾的集體抗議、明清物質文化與消費文化。研究成果豐碩，著有《奢侈的女人：明清時期江南婦女的消費文化》（2005）、《品味奢華：晚明的消費社會與士大夫》（2007）、《游道：明清旅遊文化》（與狄雅斯〔Imma Di Biase〕合著，2010）、《激變良民：傳統中國城市群眾集體行動之分析》（2011）、《優游坊廂：明清江南城市的休閒消費與空間變遷》（2013）與《劫後「天堂」：抗戰淪陷後的蘇州城市生活》（2017），另發表數十篇學術論文及多篇書評。

邱澎生

上海交通大學人文學院歷史系特聘教授。台灣大學歷史學博士，曾任中央研究院歷史語言研究所助理研究員、副研究員，以及香港中文大學歷史系教授。主要研究明清經濟史與法律史，曾出版《當法律遇上經濟：明清中國的商業法律》、《當經濟遇上法律：明清中國的市場演化》。現正利用「巴縣檔案」撰寫「清代中期重慶城的物質生活與法律規範」書稿，並同時探究明清中國法律知識與法律價值觀的演變歷程。

何漢威

香港出生，香港中文大學文學士、哲學碩士，澳洲國立大學哲學博士，專長為中國近代經濟史，歷任香港公開進修學院首席講師（1990.12-1992.11），中央研究院歷史語言研究所副研究員（1986.12-1998.1）、研究員（1998.1-2015.7）、歷史學門召集人（2004.1-2007.6）、傅斯年圖書館主任（2009.10-2010.10）、副所長

（2010.10-2011.10），退休後任兼任研究員（2015.8-　）。代表著作：《京漢鐵路初期史略》（香港中文大學出版社，1979）、《光緒初年（1876-1879）華北的大旱災》（香港中文大學出版社，1980），以及〈清季的商辦鐵路〉（與全漢昇合著）、〈從銀賤錢荒到銅元泛濫：清末新貨幣的發行及其影響〉、〈清末廣東的賭商〉、〈廣東進士賭商劉學詢〉等論文，現正從事史語所藏丁文江檔案編輯整理。

和文凱

香港科技大學社會科學部副教授，於2007年在麻省理工學院政治學系獲得博士，2007-2008年在哈佛大學費正清中國研究中心從事博士後研究。2016-2017年，在哈佛大學拉德克利夫高等學術研究院（Radcliffe Institute for Advanced Study）和哈佛燕京學社做訪問學人。著作 *Paths toward the Modern Fiscal State*、*England, Japan, and China*，2013年在哈佛大學出版社出版，該書在2014年獲得美國社會學學會比較歷史社會學的「Barrington Morre最佳著作獎」。

黃克武

史丹福大學博士，現任中研院近史所特聘研究員。主要研究興趣為中國近現代思想史、文化史。重要著作：《一個被放棄的選擇：梁啟超調適思想之研究》（1994）、《自由的所以然：嚴復對約翰彌爾自由思想的認識與批判》（1998）、*The Meaning of Freedom: Yen Fu and the Origins of Chinese Liberalism*（2008）、《惟適之安：嚴復與近代中國的文化轉型》（2010）、《近代中國的思潮與人物》（2013）、《言不褻不笑》（2016）；並編有《畫中有話：近代中國的視覺表述與文化構圖》（2003）、《重啟爐灶：蔣中正與1950年代的台灣》（2013）、《同舟共濟：蔣中正與1950年代的台灣》（2014）、《中國近代思想家文庫：嚴復卷》（2014）、《1960年代的台灣》（2017）等十餘部著作。

鐘月岑

任職於國立清華大學歷史研究所十餘年，2014-2015年曾應教育部聘約荷蘭萊頓大學「台灣講座」教授授課一年。歷來研究興趣專注在近代的生物政治與治理技術的探討，曾出版英文專著 *Struggle for National Survival: Eugenics in Sino-Japanese Contexts 1896-1945*（Routledge, 2002），以及有關中國優生學的中英文期刊論

文，承此，嘗試以近代中國海關的檢疫制度的建立過程和公共衛生的發展來探討國家對人群的控制與規訓。另外研究的議題還包括近代性別與科技的發展，以及冷戰時期的兩岸科學發展與競爭。

譯者

李立凡

國立清華大學人文社會學系學士、歷史研究所碩士（近世中國與多元文化組）。現為自由工作者，工作與自學並進。

國家圖書館出版品預行編目（CIP）資料

鑑往知來：中國與全球歷史變遷的模式與社會理
論／王國斌（R. Bin Wong）著；李立凡翻譯. -- 初
版. -- 新竹市：交大出版社，民108.01
224面；14.8×21公分. --（亞洲現代性與批判思
想系列）ISBN 978-957-8614-25-3（平裝）

1. 經濟史 2. 文集 3. 中國

552.29   107022771

「亞洲現代性與批判思想」系列

鑑往知來：中國與全球歷史變遷的模式與社會理論

策　　畫：交通大學文化研究國際中心
總 主 編：劉紀蕙
作　　者：王國斌（R. Bin Wong）
翻　　譯：李立凡
執行編輯：郭佳
行政編輯：蘇淑芬
文字編輯：陳冉涌
美術設計：黃瑪琍
內頁排版：顏麟驊

出 版 者：國立交通大學出版社
發 行 人：張懋中
社　　長：盧鴻興
執 行 長：簡美玲
執行主編：程惠芳
助理編輯：陳建安

地　　址：新竹市大學路1001號
讀者服務：03-5131542
　　　　　週一至週五上午8:30至下午5:00
傳　　真：03-5731764
網　　址：http://press.nctu.edu.tw
e - m a i l：press@nctu.edu.tw

印　　刷：中原造像股份有限公司
出版日期：108年1月初版一刷
定　　價：350元
I S B N：978-957-8614-25-3
G P N：1010800039

展售門市查詢
交通大學出版社
http://press.nctu.edu.tw
三民書局
臺北市重慶南路一段61號
網址：http://www.sanmin.com.tw
電話：02-23617511

或洽政府出版品集中展售門市
國家書店
臺北市松江路209號1樓
網址：http://www.govbooks.com.tw
電話：02-25180207
五南文化廣場臺中總店
臺中市中山路6號
網址：http://www.wunanbooks.com.tw
電話：04-22260330

教育部高教深耕計畫特色領域研究中心
國立交通大學文化研究國際中心　資助